2 CORINTIOS:
Comisionados para Servir

por Roberto Gama

Editor: Tito Fafasuli, Sección de Desarrollo
de Materiales en Español, Departamento
de Ministerios Especiales, Junta
Bautista de Escuelas Dominicales
Nashville, Tennessee

CONVENTION PRESS

CONTENIDO

© Copyright 1989 CONVENTION PRESS
Todos los derechos reservados
5800-34
Clasificación Decimal Dewey:
Subdivisión: Biblia N.T. 2 Corintios

Este libro es el texto de uno de los cursos en el área de Estudio Bíblico, del Curso de Estudio de la Iglesia.

Este libro ha sido diseñado para adultos, y forma parte del Curso de Estudio de la Iglesia. La Declaración de 1963 de la Convención Bautista del Sur titulada "Fe y Mensaje Bautistas" es la guía doctrinal del escritor y editor.

PREFACIO

En el ministerio he tenido muy bellas experiencias que atesoro en mi vida con profunda gratitud. He tenido la oportunidad de servir como misionero en varias ocasiones experimentando mucha bendición de Dios. Los pastorados diversos han llenado años de gran significado. Las conferencias con los estudiantes en Seminarios y Institutos Bíblicos me han deleitado y enriquecido. Dios me ha brindado tales privilegios inmerecidos. A todo esto debo añadir la satisfacción de llegar a muchos de mis hermanos, que aunque sin conocerlos los amo en el Señor, por medio de la página impresa.

El estudio en 2 Corintios tenía gran promesa y debo confesar que ha sido más rica de lo que anticipaba. Estoy seguro que quien tome el tiempo de estudiar esta carta de Pablo con paciencia y oración la hallará cada vez más elocuente con aplicaciones tan pertinentes que pareciera que Pablo conoce muchos de los problemas por los cuales atraviesa el pueblo de Dios en nuestro día. En un breve estudio como este hay tanta sustancia espiritual que esperamos que quien lea este libro lo considere sólo como una invitación para investigaciones de mayor calibre de parte del lector. Si alguien se anima a hacerlo habrá logrado la mayor ambición del autor. Nuestra oración es que al terminar el libro el lector se sienta inspirado a servir al Señor y a Su causa sin importarle el precio que tenga que pagar en razón de oposiciones, persecuciones, infamias o mala voluntad de otros. Todos somos llamados a servir con dedicación incondicional. ¡Señor, Jesucristo aquí estamos para que nos uses, úsanos por favor como instrumento de edificación en tu obra! Amén.

Sólo resta dedicar los modestos esfuerzos hechos al Señor Jesucristo quien permitirá que este libro sea de bendición en la vida de muchos. Quiero también dedicarlo a mi hijita Carmen Esperanza quien ha endulzado nuestro hogar con su disposición de servicio. Finalmente, a mi buen amigo y hermano Tito Fafasuli por su gran ayuda y ánimo, por su acertadísima dirección y por su paciencia y magnífica disposición lo cual hizo posible que este trabajo llegara a su conclusión.

Roberto Gama

CAPITULO 1

2 CORINTIOS 1:1-11

El Dios de Toda Consolación

La segunda carta a los corintios es muy personal y está cargada de intensas emociones. Fue escrita probablemente en el otoño del año 55 D.C. desde Macedonia. Pablo tenía los siguientes propósitos: la defensa de su apostolado, animarles en la generosidad de la ofrenda para los necesitados en Jerusalén y ayudar en la unificación de la iglesia al rechazar las enseñanzas de los falsos maestros.

La confianza y entrega de Pablo a la voluntad de Dios están expresados en los versículos 1:1-11. La sección inicial (vv. 1, 2) se conforma al estilo acostumbrado por Pablo y generalizado en la correspondencia en aquellos días. La confianza en Dios (vv. 3-11) le fortaleció y le trajo consolación en medio de graves sufrimientos y peligros de muerte. Al recibir la consolación y al consolar a los hermanos de Corinto, Pablo descubre que hay una cadena de consolación para los que sufren. Además, los sufrimientos no son tan lamentables porque ayudan a crecer en la confianza y en la esperanza en Dios y en la simpatía y misericordia con los hermanos.

Introducción y Características de 2 Corintios

Esta segunda carta a los Corintios es la más íntima y también la carta más difícil del apóstol Pablo. Se abre el corazón del gran hombre de Dios para permitirnos ver el contenido de su gran fe y confianza en Dios.

Saludo (1:1-2)
Pablo
Como autor de la carta, se identifica con el nombre simbólico de misiones y servicio. Afirma de inmediato su carácter de apóstol, uno enviado por Jesucristo y testigo de Su resurrección. De su calidad de apóstol se dudaba en Corinto. El malestar presente en la congregación se debió a que algunos empezaron a negar que Pablo fuera apóstol. No fue un autonombramiento sino un deseo divino y una elección providencial lo que hizo de Pablo un apóstol. Esto se contrasta con el llamamiento de Timoteo, a quien se llama hermano, no apóstol. La autoridad apostólica se deriva de Dios mismo. Era esta autoridad la que Pablo quería afirmar y que reafirma en toda la epístola. En la mente de Pablo estaba la experiencia transformadora en el camino a Damasco. Dócilmente se había puesto a las órdenes de su Señor y Dios. Lo que hacía era en obediencia a la voluntad divina.

Corinto
Era la capital de la provincia romana de Acaya. Era una ciudad antigua donde, según la historia de Tucídides, se edificaron los primeros barcos de guerra griegos. Esa ciudad antigua fue destruida por los romanos bajo el comando del general Lucius Mummius en 146 A.C. Un siglo después fue reconstruida por Julio César en el 46 A.C. Fue entonces cuando se convirtió en la capital de la provincia romana de Acaya. Acaya incluía prácticamente toda la Grecia. Corinto era una ciudad cosmopolita con veteranos romanos a quienes se les había concedido ciudadanía y a quienes se les había dado tierras. Comerciantes de todo el mundo hicieron de Corinto su centro de actividades. También se radicaron allí muchos judíos y otras gentes del oriente. Corinto se ganó la reputación de ser una ciudad de gente rica, amante de lujos, de bebidas e inmoralidad. Era tal la situación que se inventó el verbo "corintianizar" queriendo decir la enseñanza de toda obra inmoral y perversa. Fue centro industrial y bancario con buenas instituciones educativas, aunque nunca llegó a superar a Atenas. Corinto estaba sentada al occidente del istmo que unía el Peloponeso con el continente. Además Corinto era famosa por los templos a las divinidades. Famosa entre los dioses era Afrodita o Venus que era la diosa de la belleza. Las sacerdotisas ayudaron en la fama de corrupción de Corinto porque eran prostitutas "sagradas".

Pablo en Corinto

En Hechos 18:1-18 se da cuenta de la actividad de Pablo en Corinto. Su segundo viaje misionero sirvió para establecer la iglesia de Corinto. Permaneció por un año y seis meses en Corinto. Su contacto inicial fue con la bella pareja de Aquila y Priscila, quienes habían sido expulsados de Roma por disputas entre los judíos por un tal Crestus, muy posiblemente Cristo mal escrito. Pablo, Aquila y Priscila eran del mismo oficio, hacían tiendas; así vivieron y trabajaron juntos. También evangelizaron juntos a Corinto. Su misión era tanto para los judíos como para los griegos a quienes les persuadían que Jesús era el Cristo. Posteriormente se unieron a ellos Silas y Timoteo quienes venían de Macedonia. Pablo habló en la sinagoga con tanto celo que se creó una división entre los judíos. Con los que creyeron, se organizó un grupo que se reunía en la casa de Justo, un temeroso de Dios, la cual estaba junto a la sinagoga. Crispo, el principal de la sinagoga, se convirtió junto con toda su casa y otros también obedecieron al Señor en el bautismo (Hch. 18:5-8).

El Señor confirmó el trabajo misionero por medio de una visión a Pablo asegurándole que testificara valientemente porque nadie le haría mal. Dios tenía mucha gente en Corinto que creería al evangelio (Hch. 18:9, 10).

Aproximadamente en el 52-53 D.C. Galión llegó a ser procónsul de Acaya. Los judíos quisieron deshacerse de Pablo. Lo acusaron, pero Galión no aceptó la demanda. Ciertos griegos apresaron a Sóstenes, principal de la sinagoga, y le golpearon delante de Galión sin que a éste le importara nada (Hch. 18:11-17). Pablo les volvió a visitar en su tercer viaje misionero (Hch. 20:1-3). Aparentemente hubo una visita que Pablo denomina "visita de tristeza" (2 Co. 2:1). En el 13:1 Pablo anticipa la tercera visita. La relación de Pablo con la iglesia en Corinto fue rica en sus variaciones. Pablo los llama "santos" (1:1), que significa separados para Dios. La palabra iglesia da la idea de los que han sido llamados del mundo para servir al Señor (2:2). Los creyentes hoy son los santos que han sido llamados por Dios para servirle. Con este calificativo de santos también se indica la diferencia del estilo de vida del creyente en comparación con el no creyente. A pesar de todos los errores y pecados, la misericordia de Dios nos ha tocado y somos santos.

Fecha y lugar de 2 Corintios

Pablo escribió esta carta desde Macedonia (2:13). Esta situación se podría identificar con los detalles descritos en Hechos 19, 20. Sabemos que el alboroto causado por Demetrio en Efeso hizo que Pablo saliera para Macedonia. Desde allí entonces visitó Grecia. Se considera que si 1 Corintios se escribió en el año 55 D.C., 2 Corintios se escribió meses después o sea en el año 56 D.C.

Propósito

Esta carta se escribe cuando las relaciones de Pablo con la iglesia experimentan dificultades. Algunos de los creyentes en Corinto han atacado a Pablo con acusaciones despiadadas. Pablo desea la reconciliación con los hermanos que él ama. El usó de severidad procurando guiar a la iglesia a la verdad, y la severidad trajo arrepentimiento y deseo de reconciliación lo cual causó gran alegría en Pablo. También los anima a participar generosamente en la ofrenda para los santos en Jerusalén. Luego termina afirmando su autoridad apostólica que había sido negada por algunos en la iglesia. Falsos maestros habían causado dudas en cuanto a la autenticidad y autoridad del apostolado de Pablo. Pablo deja en claro quiénes son los apóstoles verdaderos y quienes eran los falsos maestros que los inquietaban.

Gracia y paz

Cuando Pablo desea *gracia* y *paz* expresa algo maravilloso. Los saludos de dos naciones se unían para expresar un bello pensamiento. *Gracia* era el saludo de los griegos y *paz* era el de los judíos. Cada una de estas palabras enriquecía el significado de la otra. Un nuevo saludo resultó de la unión de gracia y paz. Gracia es una palabra preciosa cuya idea básica es gozo, placer, lucidez y belleza. El Señor le añadió una nueva belleza nacida de la relación con Dios. Con Cristo la vida viene a ser más amable y atractiva porque es el fruto del amor divino.

Paz abarca una lista generosa de características bellas. No es sólo la ausencia de problemas. Significa el bienestar total y todo lo que logra para el hombre el más deseado bien.

Estas palabras juntas dan el contenido de la oración de Pablo en favor de la iglesia en Corinto que quiere decir el gozo de conocer a Dios el Padre por medio de Cristo.

Gratitud por la Consolación (1:3-7)

Bendición

Las noticias que me daba mi suegro no eran placenteras. Cinco días después de mi boda, mi hermana y su hija sufrieron un accidente automovilístico. Mi sobrina fue lanzada del vehículo, pero mi hermana quedó atrapada y sufrió muy graves golpes. Vivió ocho días en estado de coma al fin de los cuales fue a estar con el Señor, pues era una mujer creyente. El dolor invadió nuestro recién formado hogar. Lucila, mi hermana, y yo habíamos sido muy cercanos y un amor sincero llenaba nuestras relaciones. Era imposible creer lo que había acontecido. Para mí era muy difícil entender aquello y más penoso aceptarlo. Ese siguiente año mientras estudiaba de Calvino, el gran reformador de Ginebra, leí con avidez la historia de su hogar. Calvino vivió con una esposa inválida y a quien él sirvió con ejemplar dedicación a pesar de sus inmensas responsabilidades. La explicación de Calvino a su situación de dolor era que Dios lo permitía para recordarle cuál era la fuente de gracia y para que no se olvidara del Señor. La experiencia de Calvino me ayudó a ver el dolor como parte natural de la vida. Lo que más me ayudó fue entender cómo Calvino recibía la fortaleza de Dios para lidiar con su dolor. Dios era real para Calvino y él me ayudó a mí para ver lo real de Dios en medio del dolor. Esta es la cadena consoladora que Pablo nos presenta aquí.

Dios por nosotros

Tenemos un aliado y amigo en Dios. Pablo rehusó darse por vencido frente a las penas de la vida. La esperanza en Dios redoblaba sus fuerzas para encarar las exigencias terribles del dolor. Esta esperanza anclaba su fe firmemente en Dios de quien recibía consolación y seguridad. Por eso puede decir: "Bendito sea el Dios y Padre de nuestro Señor Jesucristo" (1:3). Esta es la primera de tres afirmaciones que Pablo enuncia en referencia a Dios en este versículo. En esta primera afirmación, Dios es bendecido en su relación con Cristo, lo cual nos recuerda del Dios de nuestra salvación. Dios así es exaltado porque El ha hecho posible nuestra salvación. Si Dios es el Dios de nuestra salvación, no puede ser nuestro adversario. Al contrario, El es el Dios que nos ama tanto que envió a su Hijo Jesucristo para mostrarnos su favor (Ro. 5:8).

La experiencia de dolor en la vida de Pablo fue soportable y vencible. El secreto de Pablo no era lo que decía Elifaz en el libro de Job de que el sufrimiento es causado por el pecado, sino la intervención divina en su vida en medio del dolor. Junto con el sufrimiento, permitido por Dios, venía la consolación. En Cristo, Dios había demostrado su capacidad de identificación con el hombre en medio del dolor. Poéticamente expresado por Isaías, Cristo es un varón de dolores: "Despreciado y desechado entre los hombres, varón de dolores, experimentado en quebranto" (53:3). Porque Dios ha sufrido, puede identificarse con los que sufren. Como Dios es misericordioso, no es indiferente a nuestro dolor. Dios no nos censura o regaña en nuestro dolor. Como padre, Dios abre sus brazos para recibirnos, aceptarnos y darnos los recursos para ser más que vencedores (Ro. 8:37). Los falsos maestros, para desacreditar al apóstol, como Elifaz, fácilmente pudieron atribuir las aflicciones del apóstol a una situación pecaminosa por la cual Dios lo castigaba (ver Job 15:1-35). Es común atribuir el dolor al pecado. Aquí, sin embargo, Pablo establece que las aflicciones revelan la ternura de la paternidad divina.

A Dios se le describe como padre del Señor Jesucristo. En Cristo, Dios ha revelado el sincero interés que tiene por la humanidad (Jn. 3:16). Dios en Cristo, nos da el privilegio de ser parte de los santos en luz; además nos ha librado del poder de las tinieblas y nos da parte en su reino. En Cristo, tenemos redención y el perdón de pecados (Col. 1:12-14). Por estos favores Pablo da gloria a Dios.

En segundo lugar, Dios es el Dios misericordioso. La sensibilidad y buena voluntad de Dios se demuestran aquí. Dios hubiera podido mantener la relación severa con el hombre ya que Dios es creador y el hombre es sólo criatura. Pero le complació a Dios manifestarse a nosotros con amor. Misericordia se ha expresado como la capacidad de meterse en el lugar de la otra persona hasta poder sentir como ella siente, pensar como ella piensa, sufrir como ella sufre, gozar como ella goza. El Dios de misericordia ha hecho esto con nosotros.

El padre es además el Dios que consuela. El dolor y la soledad que engendran indiferencia pueden ser los factores más devastadores en la vida del hombre sufriente. Surgen rayos de esperanza cuando hay compañía y consolación. La palabra usada para consolación significa permanecer al lado de una persona para darle ánimo cuando sufre una prueba severa.

Sufrimiento enriquecedor

Nadie aprende a considerar seriamente el dolor humano hasta que lo experimenta en forma personal. Dios nos permite sufrir y en el sufrimiento Su consolación es evidente. Con gratitud nos convencemos del favor de Dios. Como beneficiarios de la misericordia y consolación divinas, Dios nos capacita para compartir con otros lo que hemos recibido. Dentro de las matemáticas divinas conservamos y cultivamos las virtudes al compartirlas y ponerlas en acción en otras vidas. Dios ha previsto que la consolación con que fuimos consolados pueda a su vez consolar a los que sufren. Así el dolor que tuve con la pérdida de mi hermana Lucila me ha capacitado para ser sensible con los que padecen intenso dolor. También se abre un horizonte de esperanza cuando comparto la consolación y fortaleza que no me han faltado de parte de un Dios que me ama. El dolor se constituye así en la escuela donde se aprende a compartir misericordia y consolación. Evidentemente lo que viene de Dios debe compartirse. Esto nos da esperanza, confianza y seguridad.

En el versículo 5 Pablo confirma que el dolor no triunfará sobre nuestra fe. Cuando aumenta la aflicción, aumenta también la consolación. Sufrir por Cristo significa que quien ha aceptado a Cristo, ha aceptado seguirlo aunque sufra. Pablo acepta que el sufrimiento es parte de la vida. Ahora hay mayor razón de seguirlo cuando se sufre por ser creyente. "El siervo no es mayor que su señor. Si a mí me han perseguido, también a vosotros os perseguirán" (Jn. 15:20). Pablo consideró que los sufrimientos presentes son sólo un preludio de la gloria (Ro. 8:18). No todos los sufrimientos son preludio de gloria. Pablo con claridad anuncia que es necesario una entrega personal a Cristo para que esto sea verdad. El sufrimiento causado por la desobediencia y el egoísmo no tiene bendición en sí mismo. Este sufrimiento sólo lleva a la desesperación y no trae consolación. Alguien que muere trágicamente por estar borracho o quien causa la muerte de otros, únicamente se rodea de pena y amargura. La unión con Cristo brinda consolación y socorro en los tiempos penosos de la vida.

Otros son importantes

La vida cristiana no es una experiencia de solitarios. El creyente que está unido a Cristo por ese vínculo, está también unido con cada creyente (v. 6). No se puede faltar a las relaciones con otros hermanos sin caer en la trampa de insensibilidad espiritual. Pablo confirma que las experiencias de su vida, sean aflictivas o consoladoras deben contribuir a la edificación, consolación y fortalecimiento de los creyentes. Fortalecidos así los creyentes crecerán en paciencia en sus propias experiencias de dolor. Así Pablo capitaliza y triunfa sobre el dolor abriendo camino y enseñando a sus hermanos a ser fuertes. A su vez siendo fuertes podrán ayudar en la consolación y confirmación de otros. No hay tiempo para contemplaciones egoístas cuando se está ocupado sirviendo a Cristo y a los hermanos. Así es como el cuerpo de Cristo va creciendo, hasta ser un templo santo en el Señor (Ef. 2: 20).

Somos compañeros

A pesar de la falta de cariño demostrado por la iglesia en Corinto para con Pablo, éste mantiene la convicción de que él debe guardar la mejor relación con ellos (v. 7). Pablo no vacila en llamarlos hermanos, participantes de la gracia del Señor. La obra salvadora no puede fallar porque el Señor lo lleva en buen progreso hasta perfeccionarlo (Fil. 1:6). Pablo no permite que el desaliento, la duda, la decepción o el dolor hagan una víctima de su ministerio. El sintió los rigores que van con el ministerio pero a la vez fue fortalecido por el Señor. Su seguridad residía en el Padre de misericordias y Dios de toda consolación. Las relaciones tensas crean malestar y aflicción. Los falsos maestros habían creado condiciones de sospecha y de mala voluntad hacia Pablo. Al tiempo cuando los hermanos en Corinto deberían haber extendido su diestra de apoyo a Pablo, crecieron las sospechas y dudas respecto al siervo de Dios quien les había llevado a Cristo. Pablo, sin embargo, confiaba que el llamado cariñoso de sus palabras y trato pudiera cambiar la actitud de los creyentes. El abre ampliamente su corazón y les comunica sus sentimientos, compartiendo tanto los sufrimientos como la acción divina que lo ha sostenido a través de toda su amargura. Dios obraría igualmente con la iglesia, fortaleciéndola y consolándola. "En cuanto él mismo padeció siendo tentado, es poderoso para socorrer a los que son tentados" (He. 2:18).

Interés e Intercesión (1:8-11)

Ahora Pablo les comparte sus experiencias de sufrimiento. Abre su corazón tan sencillamente que no es posible captar ninguna evidencia de amargura o queja de su parte. Los árabes tienen un dicho que dice:

"El contínuo sol crea un desierto". La vida de Pablo no fue de sol contínuo; hubo dolor, amenazas y experiencias crueles que matizaron su vida produciendo vigor espiritual. Como a sus amigos, pues, les cuenta lo que le sucedió en estos últimos días para que oren por él, no para que lo consideren una víctima.

Peligro de muerte

¿Qué aflicciones enfrentó Pablo? Se han avanzado un buen número de conjeturas.

1. Tertuliano explica esta situación diciendo que Pablo tuvo que pelear con las bestias salvajes en Efeso (Tertuliano, De *Resurrectione Carnis,* XLVIII). Esta sugerencia no es muy aceptada porque toma literalmente el texto de 1 Corintios 15:32. La mayoría de los estudiosos no lo toma así.

2. Calvino y otros atribuyen lo dicho por Pablo a su experiencia con Demetrio y el alboroto que éste causara en Efeso (Hch. 19:23-41). Se considera que aunque Pablo estuvo en peligro entonces, no puede afirmarse que hubiera sido peligro de muerte.

3. Se piensa que hubo después otro alboroto en el cual aun se planeó quitarle la vida a Pablo, (1 Co. 16:9).

4. Se piensa que fueron las tribulaciones y peligros continuos que amenazaron su vida.

5. Se sugiere también las persecuciones en Asia resultantes del alboroto de Demetrio en Efeso.

6. Intento o intentos de linchar a Pablo en sus viajes por Asia.

7. También se piensa que es una alusión al naufragio en aguas profundas (11:25). Esto sería difícil de situar en Asia.

8. Se sugiere que la tribulación sobrevino a raíz de las malas noticias venidas de Corinto. Pablo se puso ansioso y preocupado sobremanera (2:13, 7:5).

9. La espina en la carne (12:7) pudo haber sido la tribulación. Tendría que identificarse tal espina con una enfermedad grave (1:8). Pero una enfermedad así no puede identificarse fácilmente con los sufrimientos de Cristo.

Todas estas explicaciones son incompletas y ninguna puede tomarse en forma determinante. Nos contentaremos con decir que no sabemos con certeza la enfermedad o circunstancia aludida por Pablo en este pasaje. Aceptamos que la experiencia de Pablo en Asia fue extremadamente severa al punto que Pablo se vio sobrecogido por la muerte. Por las tensas relaciones con la iglesia, algunos miembros criticaron cruelmente a Pablo. Ellos debieron sentirse muy mal cuando la carta fue leída a la iglesia.

Confianza en Dios

La debilidad experimentada por Pablo hizo que el apóstol se lanzara en los brazos amantes del Padre celestial. El poder de Dios se hizo más evidente en medio de su debilidad. La verdad que aprendemos aquí que el creyente no debe confiar en sí mismo, sino en Dios que es poderoso para resucitar de entre los muertos. Esta era la confianza de Pablo. Los creyentes de Corinto no ignoraban el sufrimiento de Pablo sino la intensidad de sus aflicciones. Por esto Pablo no dice porqué está afligido sino cómo está afligido más allá de su natural resistencia. La aflicción es reciente, pues de otra manera la hubiera mencionado en la primera carta. Su aflicción sucedió en Asia o sea antes de su venida a Macedonia. Fue una aflicción severísima que sin la ayuda de Dios no hubiera sobrevivido. Pablo mismo la clasificó como parte de los sufrimientos de Cristo.

Liberación de Dios

Pablo conoció la intensa gravedad de su aflicción. Su proximidad a la muerte era tal que la aceptó como su sentencia (v. 9). Esto se explica de acuerdo a cómo se analiza el texto. Hay dos posibilidades.

(1) "Tuve el veredicto de muerte entonces en Asia." (2) "No sólo la tuve sino que aun la tengo ahora dentro de mí." El primero señala una persecución de la cual Dios lo libró, pues de otra manera hubiera sido fatal. Sería una persecución similar a la experimentada en Listra (Hch. 14:19). Si se toma la opción número dos, la sentencia de muerte como aún un peligro presente, indicaría una enfermedad crónica con peligro de muerte. De cualquier manera, Pablo tiene confianza en el poder liberador de Dios, ya sea asegurándole la resurrección después de la muerte o el cambio hacia una mejoría completa. Una actitud sumisa es la que Pablo asume frente a su situación. El dolor, aunque con terrible peligro de muerte, no impulsa al apóstol a desear la muerte. El sabe que su trabajo está inconcluso, su carrera no ha terminado y su llamamiento al apostolado es un privilegio que él acepta con corazón grato. Aunque quisiera estar con el Señor, lo cual él considera mejor,

14

el ministerio del evangelio de la gracia de Dios es su prioridad número uno (5:8; Fil 1:23). La urgencia de la tarea de la reconciliación debió causar en Pablo gran ansiedad al verla inconclusa. En particular él no quería dejar la iglesia en Corinto en la situación ruinosa en que se encontraba. Frente a la impotencia humana con relación a lo inevitable de la muerte, el apóstol reacciona con un sentimiento de victoria. Su razón es el poder de Dios para resucitar de entre los muertos (v. 9). En esto Pablo vive la clase de fe de Abraham cuando estuvo listo a sacrificar a Issac (He. 11:19). El poder de la resurrección es el remedio para el sufrido espíritu de Pablo. Ese poder manifestado en Cristo es la clave para el entendimiento de la relación de Pablo con la iglesia en Corinto. Este concepto también nos ayuda a comprender el sentido, el propósito y el significado de esta carta. La vida cobra un doble aspecto cuando entra en relación con Cristo. Para Pablo fue así: cuando él rindió su vida al señorío de Cristo, sintió que había recibido un regalo extraordinario que era guardado en un vaso de barro. La existencia aquí es sufrimiento debido a las características propias de la vida humana, de debilidad y temporalidad. El regalo de la nueva vida no se ha revelado totalmente en lo que Cristo ha hecho por nosotros. Todavía esperamos la revelación de lo que hemos de ser. Así podemos entender que Cristo aún nos librará. Esta liberación será del estado decadente de nuestra vida aquí por el poder de la resurrección de Cristo. Mientras tanto, la vida con su fragilidad y temporalidad presente no es desesperante para el creyente, porque tiene el recurso de la gracia de Dios y eso es suficiente. Esta nuestra debilidad se debe aceptar con humildad y gratitud sabiendo que el poder de Dios es más evidente cuando somos débiles. Estos son los temas básicos que unen los elementos de esta epístola. Ni aun la muerte podía causar desesperación en Pablo porque él sabía que Dios, quien lo había librado en Asia, lo libraría en el momento presente, como también de cualquier eventualidad amenazante en el futuro. De esta manera, Pablo instruía a sus hermanos en Corinto. Ahora los involucra en sus experiencias y los hace parte de las mismas.

Con simpatía y edificación mutuas

A manera de conclusión de esta sección encontramos que Pablo ruega las oraciones de los creyentes en Corinto. Los grandes santos de la Biblia no se han avergonzado de pedir las oraciones de los hermanos más humildes o menos importantes. Lo que los corintios tenían para darle a Pablo era muy poco. Ni una sola vez le habían enviado una ofrenda de amor. Pero los hermanos de Corinto tenían un tesoro preciosísimo que Pablo deseaba: la oración por él.

Lo que Pablo solicita es que hagan una petición de acción de gracias. Pide que se unan a él y a Timoteo para que el Señor obre liberación en cualquier necesidad futura. Los corintios en forma intercesoria unirían su oración a la de estos dos siervos del Señor. Los creyentes pueden ayudar por medio de sus peticiones. Así, tanto las peticiones como las acciones de gracias se multiplicarían. La oración tiene ese doble carácter: la glorificación que alaba a Dios y la suplicación que toma interés en las necesidades humanas. En la oración se manifiesta la completa dependencia en Dios y lo destituido de recursos propios que es el hombre. En la oración la impotencia humana se postra a los pies de la omnipotencia de Dios. La oración es la glorificación del poder de Dios. Por otra parte, la oración sirve de fuerte vínculo en la comunicación de los creyentes. La oración en favor de otros conduce al gozo al ver la bondad del Padre celestial contestando las oraciones en favor de sus hijos.

Si muchos participan en la intercesión, hallarán razón para dar gracias. La oración crea conciencia del amor, el poder y la misericordia de Dios. A su vez la intercesión no es la manipulación de Dios para que haga como nosotros le pedimos, sino es un reconocimiento de su amor y misericordia que envuelve la vida de los creyentes. En la intercesión se admiten las limitaciones humanas y se ejerce el privilegio de entrada ante la presencia del Todopoderoso quien nunca nos rechaza. Nada puede traer más seguridad, paz y gozo que este privilegio que inmerecidamente se extiende a todo creyente. Dios es el verdadero ayudador, por lo tanto todo temor es derrotado y sólo se crea la ocasión para celebrar Su gracia, Su poder y Su misericordia. El creyente se convence de las abundantes bendiciones de un Dios que le ama.

Lecciones para la Vida de 2 Corintios (1:1-11)

Dios se identifica como nuestro padre por medio de Cristo, Dios de misericordias y Dios de toda consolación. —El carácter y naturaleza de Dios son el fundamento y soporte de nuestra fe. En ninguna ocasión de la vida el creyente está huérfano. La misericordia de Dios nos asegura que El se identifica con nosotros plenamente. Dios sufre con nosotros y Su presencia nos fortalece y consuela.

La vida humana contiene dolor. —El dolor debe aceptarse como parte de la experiencia de vivir en este mundo. El dolor no es lo peor que le pueda ocurrir a una persona. Se puede hacer del dolor el instrumento para el crecimiento. Aumentará nuestra devoción por el Señor. Desarrollará la virtud de la paciencia en nuestras vidas.

Cuando sufrimos también somos consolados. —Cada experiencia de dolor en nuestras vidas es una ocasión para ver cuánto no ama el Señor. Cerca, muy cerca de nosotros acampa el Señor siempre. Como gallina, nos acoge debajo de sus alas dándonos protección y seguridad. Dios nos hace depositarios de esas experiencias para que con compasión nos identifiquemos con los que sufren y les brindemos consolación. El dolor nos ha capacitado para el ejercicio de la misericordia y de la consolación.

La consolación abunda superando el dolor. —Dios no desea nuestro mal. Los creyentes recibimos la promesa de su cuidado y protección. Puede ser que el dolor arrecie, que las tribulaciones se multipliquen y que todo parezca ir de mal en peor; sin embargo, de igual modo experimentaremos la consolación de Dios por la obra de Cristo. La promesa que alienta la vida en el sufrimiento es que Dios, quien inició Su labor salvadora en nosotros, la perfeccionará hasta el día de la glorificación.

La esperanza cristiana afirma la seguridad del creyente tanto en Dios como en la comunidad de fe, la iglesia. —Dios ha provisto en los hermanos compañeros leales que se identifican con nosotros y quienes nos alientan en el camino. El gozarnos con los que se gozan y el llorar con los que lloran es verdad dentro del cuerpo de Cristo que pone a un lado los egoísmos y nos hace hermanos con un mismo sentir y con un mismo espíritu.

Actividades de Aprendizaje Personal

1. Pablo tenía_____apostólica porque la había recibido de Cristo mismo. a. experiencia, b. autoridad, c. visión.

2. Corinto era la capital de_____.
a. Macedonia, b. Asia, c. Acaya.

3. En Corinto Pablo se encontró con _____ y _____. a. Silas y Bernabé, b. Pedro y Apolo, c. Aquila y Priscila.

4. "Santos" significa_____. a. Sin pecado, b. Con poder especial para hacer milagros, c. Persona que ha aceptado a Cristo y se ha apartado del mal.

5. 2 de Corintios se escribió aproximadamente en el año _____desde _____. a. 70—Roma, b. 56—Macedonia, c. 35—Jerusalén.

6. El propósito de la carta era afirmar la _____ _____de Pablo dentro de la iglesia. a. Experiencia religiosa, b. Solvencia económica, c. la autoridad apostólica.

7. Consolar significa estar al lado de una persona para darle _____ cuando sufre una prueba severa. a. dinero, b. la mano, c. ánimo.

2 CORINTIOS 1:12—2:17

Una Conducta Sincera E Integra

Satisfacción (1:12-14).

El vivir en armonía interior es uno de los tesoros más preciados. El poder vencer circunstancias adversas con un espíritu de nobleza y gallardía es el adorno excepcional de muy pocos hombres. De nuestro legado hispanoamericano encontramos a uno que vivió a esa altura, don José Martí. José Julián Martí y Pérez fue un poeta, ensayista, patriota y mártir. Don José vino a ser el símbolo de la lucha contra España por la independencia de Cuba. Su dedicación a esta causa hizo de su nombre sinónimo de libertad en toda la América Latina. En su lucha libertaria Martí organizó y unificó el movimiento para la independencia de Cuba y murió en el campo de batalla dando su vida por la causa que tanto amó. Su amor por la libertad le hizo un fiero defensor de la causa republicana en su país. Aunque fuera exiliado varias veces, no por eso dejó de escribir sus poemas y ensayos y de hacer oír su voz contra las fuerzas opresoras. Pero dentro de un corazón tan noble, como el suyo, no había lugar para el odio ni el resentimiento en contra de los que se le opusieron ni para quienes no compartieron sus puntos de vista y en este sentido escribió su bien conocido poema "La Rosa Blanca"

> "Yo siembro una rosa blanca en junio como en enero
> para el amigo sincero que me da su mano franca. Y
> para aquel que me arranca el corazón con que vivo,
> ni espinas ni ortiga cultivo, cultivo una rosa blanca."

El apóstol Pablo señala que los sufrimientos que ha padecido por causa de sus hermanos en Corinto, en lugar de causarle vergüenza, son motivo de satisfacción interior. No se jacta en forma indebida como quien quiere causar malestar a los que no han entendido sus motivos. Pero su gloria parte del hecho de su paz interior. El término "conciencia", en primer lugar quiere decir el íntimo conocimiento interior. En este caso Pablo quiere decir el conocimiento que uno tiene de sí mismo en la relación con Dios. Así Pablo no podía ser acusado de altivez o soberbia. El testimonio de un conciencia limpia es un motivo de gran satisfacción a quien lo experimenta. Pablo prepara su defensa contra los malos entendidos y calumnias que algunos habían levantado contra él en Corinto.

La conciencia era lo que mantenía a Pablo obediente a una norma o la que lo condenaba cuando se apartaba de ella. El autor español Gaspar Nuñez de Arce dice: "Conciencia nunca dormida que el pecado nunca callas, si al sólo Hacedor le plugo fueras tú para el culpable, testigo, juez y verdugo". No era así la conciencia de Pablo. Nada dentro de él le indicaba en lo más mínimo algo que fuera inapropiado en su proceder para con la iglesia en Corinto. Así su conducta contrastaba con la de sus adversarios quienes sí se jactaban basados en su insinceridad y orgullo carnal.

La satisfacción de Pablo era motivada "con sencillez y sinceridad de Dios, no con sabiduría humana, sino con la gracia de Dios". Estas cualidades de su testimonio interior vienen de Dios y como dones divinos caracterizan la conducta de Pablo. El contraste con las virtudes griegas es evidente porque estas eran producto del esfuerzo personal mientras aquéllas procedían de la gracia de Dios. Santidad es un término amplio que cubre toda la relación y la devoción a Dios. Sinceridad significa honestidad y rectitud sin duplicidad, y tiene que ver con la relación hacia los hombres. La gracia de Dios es el fundamento activo en las relaciones interpersonales.

Bajo esas condiciones cristianas Pablo ha mantenido su conducta. No lo ha hecho sólo con los de afuera, como para impresionarlos de lo que no era. Especialmente con los corintios, Pablo se ha esmerado por vivir y actuar conforme a la práctica más noble y elevada. En sus cartas ha dicho con sinceridad lo que estaba en su corazón. Nunca hubo el deseo de engañarlos. Pablo ha querido que ellos hubieran podido captar su verdadera conducta cristiana y por ello sentirse honda y profundamente satisfechos con Pablo. No hay en Pablo el sentimiento de que él es el maestro y ellos sus discípulos. Al contrario, siente que él es un condiscípulo con ellos. Juntamente con ellos siente que son pecadores transformados por la gracia de Dios. Vive siempre con la mira y esperanza del día del Señor cuando la obra de cada uno será probada. En ese día no habrá lugar para decepciones, apariencias o pretensiones egoístas. La gran lección para nosotros hoy, es que debemos vivir dentro de la sabiduría divina para ser hallados en rectitud y justicia cuando aquel gran día termine con las tinieblas del pecado y la luz del descanso eterno ilumine nuestra vida para siempre. Martí, al igual que Pablo, no permitía que las circunstancias dictaran los términos de su conducta. Nuestra vida la vivimos delante de Dios a quien hemos de dar cuenta final en aquel día. La satisfacción final tendrá verdadero sabor de gloria entonces.

Pablo basa su defensa en su integridad personal que surgía de su conciencia y en la evidencia que los corintios tenían de lo genuino de su ministerio evangélico en medio de ellos. Sus motivos resistían el escrutinio de la luz del sol pues su mensaje venía de Dios. Todo podría resistir el mismo juicio de Cristo. Pablo nunca temió lo que los hombres pudieran decir, porque interiormente sabía que tenía la aprobación de Dios y de Jesucristo.

Intenciones Integras (1:15—2:4)

"Con esta confianza" (v. 15). En la confianza de que en verdad los corintios se sentían orgullosos de su pastor, y en la clara conciencia con la cual ha obrado, Pablo les había prometido visitarlos. Pero habiendo tenido obstáculos, no había podido realizar su planes. Los corintios, en vista de que no les había cumplido, fueron tentados a poner en duda la integridad del apóstol. Rechazando el cargo de haber obrado con ligereza, quiere dejar en claro que ha sido íntegro como ministro de Cristo. Este es el caso de una congregación que se había apresurado a juzgar a su pastor sin tener todos los elementos de juicio para hacerlo. La intención del apóstol era de ser doble bendición para la iglesia. Tan cierto estaba el apóstol de su ministerio, que sabía que sus visitas eran edificantes. Dios manifestaba su bendición por medio de él. Esta razón lo motivó a planear un doble contacto con la iglesia. Pablo deseaba ser una bendición para ellos tanto de ida como de regreso.

"Venir otra vez" (v. 16). Por la confianza expresada en los versículos 12-14 era su intención pasar y visitarlos en camino a Macedonia y de nuevo regresar a Corinto. Desde Corinto, entonces, ser enviado con algunos hermanos a Judea con la ofrenda especial para las víctimas de la hambruna que azotaba Palestina en aquellos días. De esta manera los corintios tendrían el privilegio de una doble bendición con las dos visitas de Pablo.

Mientras tanto, Pablo les había hecho una visita que les había causado mucho dolor. Esta se menciona en el capítulo dos y también en el trece. Por tal experiencia había decidido que ese no era el tiempo propicio para los planes anticipados. Esto hizo que los críticos de Pablo lo hicieran aparecer como una persona que no era confiable. "Así que, al proponerme esto" (v. 17). La acusación partía de la suposición de que hacía cosas a la ligera de manera irresponsable. La manera como Pablo presenta las preguntas en este versículo anticipa una respuesta negativa. El admite que tuvo que cambiar sus planes. Sin embargo, no admite que se le juzgue que ha actuado como actúan los hombres que buscan lo suyo propio, no lo que es de Cristo. Lo que decían era que Pablo podía fácilmente decir sí y no al mismo tiempo sin respeto por otras personas.

"Carne" (v. 17) es el concepto de directa oposición a la actuación según el Espíritu. Con "carne" el apóstol quiere decir la actuación motivada por un espíritu egoísta que sólo piensa en los beneficios que pueda sacar para él sin importarle nada los demás.

"Como Dios es fiel" (v. 18). Lo dicho anteriormente tenía que ver con el aspecto subjetivo. Ahora presenta el aspecto objetivo para reforzar su argumento. A nadie se le ocurriría decir que Dios no sea fiel. Así como no se puede negar la fidelidad de Dios, de igual manera no se debía pensar que Pablo pudiera engañar a los hermanos con una doble actitud. Pablo sentía que su vida estaba en relación íntima con Cristo y que de esa relación no podía surgir una actitud de engaño. Así Pablo está haciendo un llamamiento a los corintios para que vean que está de por medio la integridad de Dios.

"El Hijo de Dios" (v. 19). Ahora Pablo argumenta basado en su entendimiento del plan salvador de Dios en Cristo. Los interesados en desacreditar a Pablo afirmaban que así como Pablo no era veraz en sus compromisos, de igual manera su mensaje no era confiable. Pablo incluye a Silvano y a Timoteo como otros dos predicadores que juntamente con él han compartido el evangelio de Cristo en Corinto. Que Cristo se manifestó en medio de ellos es algo que no podían dudar. Cristo es el Sí de Dios para el mundo. Esto ellos no se atrevían a negarlo pues de otro modo serían incrédulos. Pablo demostró que su mensaje era genuino por la evidencia del poder de Dios en las vidas de los corintios por medio de Cristo. Y como el mensaje predicado era digno de confianza, también la palabra y testimonio de Pablo eran fieles.

"Las promesas de Dios" (v. 20). El Cristo predicado por Pablo era el Sí de Dios. En Cristo todas las promesas de Dios hechas en el Antiguo Testamento se cumplieron con fidelidad. Era por este Sí divino que ellos habían sido incluidos con los redimidos. Los corintios no debían poner en tela de duda lo que Dios les había concedido en Cristo. La predicación, tanto de Pablo como de sus colaboradores, había revelado el poder de Dios en las vidas de los corintios y ellos eran testigos del cambio que se había operado en sus vidas. Tanto Pablo como Silvano y Timoteo eran los instrumentos por medio de los cuales ellos habían experimentado la gracia de la gloria de Dios en sus vidas. Pablo no desea ningún reconocimiento personal, pues todo lo que ha sucedido era para la gloria de Dios.

En los versículos 21 y 22 Pablo continúa ofreciendo evidencia de lo que Dios había obrado en ellos. Primeramente, la confirmación del ministerio de Pablo. Si Dios no los había rechazado entonces algunos dentro de la iglesia de Corinto no estaban obrando de acuerdo a la voluntad de Dios. Dios continuaba usando y bendiciendo a Pablo en todas sus empresas.

Los corintios habían rendido su vidas al servicio del Señor Jesús. Para Pablo eso era evidencia satisfactoria de que su relación con el Señor estaba sobre buena base. En segundo lugar, Dios fue quien los ungió. El llamamiento y el apostolado no dependen de nadie en particular, sino de Dios quien es el Señor de la mies. La unción era la señal de la voluntad divina. En su favor Dios los separaba para una misión especial. En tercer lugar, Dios los había sellado. El sello era un símbolo de autoridad y de autenticidad. El Espíritu Santo estaba implantando en él la imagen de Cristo; y su vida debía ser el fiel reflejo de su Señor. El Espíritu Santo era la garantía del carácter elevado de su ministerio. Ellos no se estaban acreditando a sí mismos. Era Dios por medio del Espíritu Santo quien declaraba que ellos le pertenecían de manera genuina. En cuarto lugar, la evidencia mayor era la presencia del Espíritu Santo en sus vidas. El Espíritu Santo servía a manera de garantía del cumplimiento de las promesas divinas. Las *arras* son garantía de la vida eterna en la resurrección. Quien recibía *arras* en un negocio o contrato se aseguraba el cumplimiento del contrato a la vez que quedaba obligado él mismo en los términos del contrato. Pablo, aplicándolo a su vida, entiende que la parte de Dios está asegurada, pero a la vez sabe que su vida está comprometida con Cristo y Su causa. Pablo en última instancia tiene que responderle al Señor por su parte en el contrato. Y lo que Pablo afirma aquí es que él no tiene nada de qué avergonzarse delante de Dios, ni delante de los corintios.

Nadie podría decir nada contra tal evidencia. Si el Espíritu Santo les daba confirmación externa e interna de ser los siervos del Señor en servicio activo, nada podrían las sospechas y mala voluntad de los que creaban desconfianza en medio de la congregación.

La dedicación de Pablo a su trabajo misionero era genuina. Su integridad estaba más allá de toda sospecha. La mala voluntad y malicia de algunos no disminuía el amor e interés del apóstol para con los corintios. Con honestidad los convence de su sinceridad e integridad. El apóstol trata con ellos como verdadero pastor y no como dictador o dueño de la congregación. El afán de Pablo es que la congregación celebre con gozo y se profundice en la fe. Pablo no quería ser causa de tristeza dentro de la iglesia, y por eso viendo que nada ganaría con otra visita esperó recibir la dirección de Dios para saber cuándo sería el tiempo propicio para hacerla. Pablo les había escrito la primera carta. Esa carta le había costado muchas lágrimas por el estado en que se hallaba la congregación. La franqueza usada no tuvo la intención de causarles dolor sino que supieran cuál era la voluntad de Dios en la resolución de todos sus problemas. Quien lo hacía así demostraba el gran amor que les tenía. El apóstol era un verdadero amigo de la iglesia, porque buscaba el bienestar de todos al evitarles las tristes consecuencias de las desviaciones de la fe que los perjudicarían. Pablo explica así por qué no fue a visitarlos cuando les había prometido.

Súplica (2:5-13).

Después de declarar su integridad, su intención y propósito, el apóstol ahora pasa a tratar acerca de la restauración de quien, habiendo ofendido, se ha arrepentido y debe ser aceptado por la congregación.

El apóstol no alberga en su corazón resentimiento alguno contra nadie. Su seguridad estaba cimentada en Cristo. Las adversidades no lograrían sacudirle y derribarle de allí. Por eso tiene el vigor y autoridad espiritual para la intercesión. En este caso es un individuo cuya identidad no se da. La congregación lo conocía y esto era suficiente para Pablo. Se limita a lo que los hermanos deben hacer para restaurarle.

"Si alguno" (v. 5). Quien causa dolor a una persona en particular no lo causa sólo a esa persona, sino a la congregación como un todo. Pablo no tomó el asunto de una manera personal; sus sentimientos no eran lo que importaba. Importaba la calidad de la relación de los hermanos dentro de la congregación en la práctica del amor fraternal. Pero con Pablo no era amor a cualquier costo, sino el amor que tiene en cuenta la altura espiritual del discipulado. La mala conducta traerá vergüenza y pesar a la congregación. Pablo nos enseña la manera de lidiar con un problema espinoso dentro de la iglesia.

"Le basta a tal persona" (v. 6). En una persona menos espiritual este asunto hubiera sido desproporcionado de tal manera que no se hubiera encontrado camino de solución para el mismo. Para Pablo lo central no fue la herida causada por el ofensor, sino la restauración del pecador y la salud de la iglesia cuyo compañerismo había sufrido por el disturbio.

Se nos ocurre preguntar la naturaleza de la ofensa cometida. Pero Pablo no nos da ninguna otra información de lo sucedido. Hay dos posibilidades que se ofrecen al estudiante. La primera es identificarlo con el hombre mencionado en la primera carta (5:1-5). La otra lo identifica como a un cabecilla de la oposición contra Pablo. Presumiblemente éste trató a Pablo con toda villanía, desconsideración y falta de respeto. Sea cual fuere el caso, la verdad es que la iglesia afirmó su disciplina y tal persona recibió un trato especial de parte de todos. Este trato logró que tal persona reconociera el mal hecho y confesara su culpa. Pero sin duda que algunos no vieron con buenos ojos que se le restaurara tan pronto y prolongaron el tratamiento por un poco más de tiempo.

Pablo, olvidándose de sí mismo, le sugiere a la congregación que la represión ha sido suficiente. El hombre ha demostrado su dolor, y prolongar la disciplina ya no obraría efecto edificante. Por eso era menester tomar otra actitud. La grandeza de Pablo en este caso se manifiesta en el ejemplo de conducta cristiana que debe ejercitarse en el perdón más que en la contemplación de heridas personales o insultos.

"Al contrario" (v. 7). El apóstol nos recuerda que la disciplina no es para venganza sino para corrección. Pablo no deseaba que se destruyera al ofensor, sino que se le ayudara a ponerse en pie. El propósito de la disciplina cristiana no es aplicar la justicia en todo su rigor, sino practicar el amor cristiano frente al pecador en necesidad de restauración. La disciplina que ha logrado su finalidad restaura creando un corazón nuevo tanto en la congregación como en el del ofensor. Así, el objetivo final de la disciplina no es causar dolor sino el gozo de ver a alguien que afirma a Cristo en su vida. La disciplina no es para desanimar al cristiano sino para inspirarlo a la obediencia. Nuestra actitud frente al pecado debe ser la de aplicar disciplina pero todavía creyendo en la restauración del pecador.

"Os ruego" (v. 8). El apóstol no ordena ni manda, sino ruega. No se puede obligar a nadie a amar. Debe nacer del amor que hemos recibido de Dios. Pablo apela a la relación que los corintios tienen con el Señor. Las consecuencias de tal ejercicio de amor resultarán en bien del que ha cometido faltas, pues cubrirá multitud de pecados con la sangre preciosa de Cristo. También se benefician los que tienen que perdonar porque dejan detrás amarguras y resentimientos dañinos. Finalmente la congregación que ha sufrido por el mal cometido vuelve a la integridad de su práctica amorosa para con todos.

"En triunfo en Cristo Jesús" (v. 14). Pablo tiene en su mente el cuadro del conquistador universal a la manera como se celebraba en la antigua Roma. El honor más alto que se le podía rendir a un general romano era el del triunfo. Ciertas condiciones tenían que ser satisfechas para que así fuera honrado. Tenía que ser el comandante en jefe de las tropas en el campo de batalla. La campaña guerrera tenía que haber concluido, haber establecido paz y haber regresado las tropas a casa. Cinco mil soldados tenían que haber caído en el enfrentamiento. Una gran extensión de territorio debía haberse adquirido. El rechazar un ataque o el haber evitado un desastre no era suficiente. El enemigo tenía que ser foráneo y no en la guerra civil.

En el triunfo, el general marchaba por las calles de Roma hasta el capitolio. Este es el cuadro que Pablo tiene presente. El puede ver a Cristo marchando en triunfo en todo el mundo. Pablo mismo acompaña a Cristo en esa gran procesión. Pablo tiene la convicción de que nada ni nadie puede prevenir este triunfo.

En esa procesión tan magna los sacerdotes llevaban los incensarios que impartían un olor suave. Para los victoriosos, el perfume del incienso era el olor del triunfo en gozo y celebración. Pablo está inmerso en el triunfo de Cristo no importaba qué afirmaran los que no le tenían buena voluntad. El sentía que su servicio era un perfume que Cristo apreciaba. Pablo está perfectamente convencido del beneplácito de Dios para su obra, y en esa certidumbre él sabe que su servicio es olor suave y de vida para los que aman a Dios. Pero a los que no aman a Dios es juicio y por lo tanto olor de muerte para muerte.

Los rabinos creían que la ley tenía ese doble efecto. Para los obedientes era vida, pero para los desobedientes era muerte. El evangelio es de vida para los que creen. Pero para los que no creen es una sentencia de muerte. Esto está muy de acuerdo con lo que dice Juan 3:18.

Esta característica del evangelio era una carga para Pablo quien siente la tremenda responsabilidad de proclamar vida y a la vez establecer una sentencia de muerte. "Para estas cosas ¿quién es suficiente?" (v. 16). Pablo no puede ver con claridad qué clase de ministerio podría ser adecuado para tal tarea. La responsabilidad es mayor que Pablo y tiene repercusiones eternas.

"Medran falsificando la palabra de Dios" (v. 17). El cuadro es el de un lechero que pretende vender leche mezclada con agua con el objetivo de aumentar sus ganancias. Dos aspectos han de considerarse aquí: los motivos y la metodología. Pablo no tenía ningún motivo ulterior al servir a Cristo de todo corazón; los falsos maestros que operaban en Corinto no podían asegurar lo mismo. Ellos deseaban el poder y el prestigio personal, no importándoles la salud de la congregación. Estos pretendían lograrlo modificando el carácter del evangelio mezclándolo con aspectos más atractivos y otros enfoques que les ayudaban a defender sus intereses personales. La utilidad personal, la ambición y la vanidad les llevaba a adulterar la santa palabra de Dios.

Pablo indica los valores que controlan su ministerio. Sinceridad era la marca de lo que hacía en nombre de Cristo. Es decir que Pablo enseña con fidelidad lo que Dios le ha dado, no importándole las consecuencias, pues a Dios sirve. Su mensaje es el mismo que Dios le reveló y que le ha dado tanta satisfacción espiritual, pero no sólo a él sino a todas las iglesias de Dios.

Lecciones para la Vida de 2 Corintios 1:12—2:17

El proceder con nobleza frente a las rudezas de la vida demuestra que nuestra vida está siendo guiada por Dios y que el Espíritu Santo la controla. —Lo que el mundo llama sabiduría no se compara con la sabiduría de Dios que nos concede la gracia de elevarnos por sobre la maldad de los hombres.

A pesar de todo, lo que más nos debe importar es el predicar a Cristo. —Por encima de nuestros intereses personales debemos testificar de nuestro Señor Jesucristo al mundo en necesidad. Vivir de una manera positiva dando al Señor la gloria es lo mejor.

Debemos vivir una vida auténtica y sincera en el mundo. —Nuestro cristianismo debe demostrarse por la integridad con la cual obramos delante de los hombres. El Espíritu Santo nos ha autenticado con Su sello, así que somos hijos de Dios. La legitimidad de nuestra relación con Dios es el regalo de la gracia divina que con gratitud aceptamos.

La nobleza del perdón es edificante. —Lo es para nosotros mismos, para la persona perdonada y para toda la iglesia. El camino del perdón es el sendero de la paz y del gozo en el Señor. Nadie gana cuando se cultivan los resentimientos y la mala voluntad entre los hermanos.

Los derechos no son más importantes que los privilegios. —Mi privilegio es perdonar a los que no me quieren y que me han causado dolor. Aun aquellos que me hayan insultado deben gozar del beneficio de mi buena voluntad siempre dispuesta para hacerles bien.

Debemos servir de pacificadores. —Los que han caído necesitan nuestra ayuda. Nuestra tarea es la de ser mediadores para la paz en medio de la congregación. La restauración de los ofensores debe figurar altamente entre nuestras prioridades cristianas.

Nuestro servicio es olor agradable a Dios. —El ministerio que Dios nos ha encomendado resultará de bendición si vivimos ejercitándolo en la victoria de Cristo. La integridad de nuestro testimonio es indispensable para que otros también participen del gozo de servir.

Actividades de Aprendizaje Personal

Responda las siguientes afirmaciones con VERDAD o FALSO según sea el caso.

1. _____ Pablo se sentía satisfecho interiormente por su conducta para con la iglesia, pues su conciencia no le condenaba de ninguna mala acción.

2. _____ Cuando Pablo habla de la "sabiduría humana" se refiere a los títulos académicos que otros pastores tenían y de los cuales se sentía envidioso.

3. _____ Pablo le había prometido una visita a la iglesia que no realizó, ello sirvió de base que trataran de desacreditarlo en su ministerio.

4. _____ Pablo dice que no ha pasado a visitarlos porque las condiciones no eran propicias y porque era indulgente con ellos.

5. _____ Pablo no quiere que la iglesia perdone a quien le causó tanto dolor a nivel personal.

6. _____ Pablo piensa que más puede el amor que el resentimiento, y por eso está listo a la reconciliación.

7. _____ Pablo se siente parte de la gran procesión de triunfo de Cristo.

8. _____ El servicio del creyente ante los hombres puede ser de salvación para los que lo aceptan, pero puede ser de muerte eterna para los que lo rechazan.

9. _____ Pablo denuncia a los falsos maestros que adulteran la verdad de la Escritura en su afán de ser fieles a Dios.

Respuestas:
1. Verdad; 2. Falso; 3. Verdad; 4. Verdad; 5. Falso; 6. Verdad; 7. Verdad; 8. Verdad; 9. Falso.

CAPITULO 3

2 CORINTIOS 3:1—4:6
Ministros de un Nuevo Pacto

Siguiendo la costumbre de dar y recibir cartas de recomendación, los falsos maestros quieren desacreditar a Pablo señalando que él no trajo consigo ninguna carta de recomendación. Pablo les contesta diciendo que el trabajo del Espíritu Santo en las vidas de ellos es todo lo necesario a manera de autenticación de su apostolado. Las vidas cambiadas de ellos son la evidencia de la legitimidad de su apostolado. Pablo pasa a decirles que su ministerio tiene que ver con un nuevo pacto. A diferencia del anterior, la gloria de este pacto no es pasajera, sino permanente y hecha realidad por el poder del Espíritu Santo. Les indica que su ministerio es aún más glorioso por la libertad que ha traído. A pesar de la aparente contradicción de debilidad y muerte, Pablo celebra la victoria y la distinción que experimenta en ser un ministro, siervo del Señor Jesucristo.

Dios nos Recomienda (3:1-3)
Estando en Colombia, sirviendo como profesor del Seminario Bautista de Cali, tuve necesidad de salir del país. Mi pasaporte estaba vencido y era necesario obtener uno nuevo. Para lograr este documento era preciso tener otros documentos como la cédula de ciudadanía y el registro militar. Este último yo no lo tenía al día. Procesar ese documento tomaba más de tres meses y mi salida tenía que realizarse en menos de un mes. Acudí a un amigo, él me concedió una carta para uno de los capitanes de la base militar en Cali. Aquella carta me presentaba como profesor universitario y como persona de muy buen carácter, y además como un buen amigo de quien me extendía la carta. Al final daba gracias por el favor de acelerar el proceso de obtención del registro militar necesario para conseguir el pasaporte.

Cuando llegué donde el capitán Pantoja, él me envió con todos mis documentos con el oficial encargado de tal procedimiento. El capitán me dio una orden y con eso llegué donde el oficial encargado. El oficial me dijo: "Dentro de tres días venga que le tendremos su registro listo". Para mí aquello fue admirable. El poder de una carta escrita por un amigo quedó evidente. A los tres días volví y me entregaron mi registro militar y todo quedó resuelto.

En el Nuevo Testamento encontramos a Pablo escribiéndole a Filemón una de estas cartas de recomendación. En esa carta le recomienda a Onésimo, quien en su calidad de esclavo, había huído de la casa de su patrón. Pablo explica la razón por la cual lo envía de regreso a Filemón. Además Pablo se compromete financieramente por los daños que Onésimo haya causado. La tradición nos cuenta que tal carta surtió efectos muy provechosos tanto para Filemón, que era un cristiano en todo el sentido de la palabra, como para Onésimo. Dentro de los hombres notables de la iglesia de Efeso aparece el nombre del obispo Onésimo. Es muy probable que sea el mismo por el cual Pablo intercedió. Efeso no está lejos de Colosas, donde vivía Filemón. El nombre Onésimo era uno de esos reservados exclusivamente para esclavos. Y es de suponer que Filemón le haya concedido la libertad a su esclavo y éste haya dedicado su vida para servir al Señor. Todo lo cual viene a probar la importancia y eficacia de las cartas de recomendación.

Los versículos 1-3 son la conexión entre el 2:17 y 3:4-6 donde Pablo presenta la defensa de su apostolado, es decir de su mensaje y enseñanza. Se ve que Pablo entiende que la insistencia en su sinceridad pudiera explotarse por los falsos maestros como una señal más de su vanidad y autopromoción. Nada que Pablo dijera estaría libre de las posibles perversiones en manos de los falsos maestros.

"¿Comenzamos otra vez a recomendarnos a nosotros mismos?" (v. 1). El 'otra vez' no indica que en lo dicho anteriormente Pablo haya querido alabarse. El texto mismo no indica que tal haya sido su intención. Se ha sugerido que esto tiene que ver más con lo dicho en la primera carta a los corintios cuando en el 4:16 y 11:1 les encarga que sean sus imitadores. Así, esta pregunta tiene el tono irónico que acabará con las críticas de sus detractores. La pregunta, por su construcción original, demanda una respuesta negativa. Pero los que atacaban al apóstol sí habían llegado a la iglesia con recomendaciones para mostrar la autorización para comerciar o con los asuntos espirituales y sagrados. Pablo vuelve la acusación contra sus enemigos.

"¿O tenemos necesidad, como algunos, de cartas de recomendación para vosotros, o de recomendación de vosotros?" Las cartas de recomendación tenían su legítimo lugar dentro de las relaciones eclesiásticas. Pablo no desconoce esto ni quiere que se suspenda toda clase de recomendaciones. Pero las recomendaciones son tan buenas como el carácter de la persona que las extiende. Las cartas eran necesarias. La verdad es que Pablo usa la primera carta a los Corintios, para recomendar a Timoteo (16:10,11). Es más, la historia de la iglesia en sus primeros años, tanto como ahora ha estado plagada por los charlatanes y los que pretenden espiritualidad para el beneficio de sus propios estómagos nada más. Había gente que hacía de eso la práctica de su vida en forma inescrupulosa. Lo que resultaba inconcebible era que estas personas, venidas desde Jerusalén desacreditando a Pablo, fueran aceptadas por la iglesia y se les prestara atención en lo que decían contra el apóstol. Los falsos maestros, sin duda que habían exhibido cartas dadas por el Sanedrín y después pedirían cartas de ellos para ganar más credibilidad con otros grupos adonde fueran. Pablo, sin duda, se recuerda de su viaje a Damasco cuando cargado de cartas pretendía exterminar el movimiento cristiano en aquella ciudad. El conocía los métodos de ellos y estaba presto a desenmascararlos (Hch. 9:2). Pablo no necesitaba cartas para ellos ni iba a pedir cartas de ellos tampoco. Dios era quien autenticaba su trabajo, lo cual era suficiente para él.

"Nuestras cartas sois vosotros" (v. 2). Esta es una espléndida declaración del apóstol. Cada uno de ellos legitimaba su mensaje por lo que Cristo había hecho en sus vidas. Cada uno de ellos era una carta de Cristo que decía que Pablo era un siervo fiel y leal al reino. Cristo se estaba formando en ellos. Sus vidas cambiadas, su fe, y su comunión con el Señor evidenciaban que Pablo era un apóstol genuino. Ellos habían llegado al conocimiento del Señor y Salvador por el ministerio de su siervo, Pablo. Así, éste no tenía necesidad de cartas humanas cuando el poder de Dios era innegable en la vida de la iglesia.

Esta recomendación era mucho más duradera que una carta escrita en papel. Cada cristiano es un monumento que atestigua de la presencia de Cristo y de Su poder regenerador. La acción de Dios no se puede imitar ni esconder. Puede ser que algunos deseen imitarlo pero sin éxito, porque no hay nada que el hombre pueda crear por su esfuerzo. Una vida transformada tiene como depósito el honor de Cristo y de la iglesia. Gústenos o no, el mundo no creyente juzga a la iglesia por la clase de hombres y mujeres que la forman y por lo mismo juzgan la obra de Cristo en nosotros. ¡Qué tremenda responsabilidad pesa sobre nuestros hombros! El nombre "cristiano" indica a la vez pertenencia a Cristo y calidad de carácter. Sabemos que somos de Cristo y que nada ni nadie nos puede arrebatar de las manos del Padre. Pero en cuanto a calidad no estamos tan seguros de estar viviendo a la altura de nuestro carácter. Con humildad y dolor confesamos que no hemos sido los más fieles embajadores del reino en medio de los hombres. Nuestros líderes han fallado, nosotros no hemos hecho mejor y la iglesia de Cristo ha sufrido cuando hemos sido escándalo para los de afuera.

"Conocidas y leídas por todos los hombres". No vale la pena pretender. El mundo percibe con claridad quiénes somos sin que tengamos necesidad de abrir la boca. En una sociedad como la nuestra donde se defiende la privacidad del individuo esto resulta molesto y fastidioso. Pero es una realidad que no podemos evitar. Pablo les recuerda: "hermanos, ustedes como nuevas criaturas en Cristo por mi ministerio son mis credenciales". Era innegable que Pablo era quien les había predicado el evangelio y quien los había llevado a los pies de Cristo. Esta era una evidencia que nadie podía negar.

"Sois carta de Cristo expedida por nosotros". Pablo no niega la necesidad de credenciales y procede a indicarles que nadie menos que Cristo ha extendido sus credenciales. Los creyentes corintios son esa carta escrita por Cristo mismo. Ellos son una carta especial escrita no con tinta sino con el Espíritu del Dios vivo en el corazón de ellos. Otras cartas por lo tanto salían sobrando no importa quién las escribiera ni en qué se escribieran.

El apóstol Pablo afirma que como ministro o siervo del Señor él ha llenado los requisitos de acreditación. El Señor Jesucristo mismo ha extendido las cartas necesarias. Todo lo que los corintios tenían que hacer era ver lo que Dios había hecho en sus vidas por medio del ministerio de Pablo. El ministerio era espiritual y por lo mismo mucho más duradero que el ministerio de la letra. Es importantísimo para la iglesia hoy tener presente que es una carta de Cristo al mundo la cual es leída y conocida por todos los hombres. El honor de Cristo y de la iglesia es nuestro depósito y como tesoro debemos guardarlo con dedicación.

Con Gloria Resplandeciente (3:4-11)

El apóstol ahora entra a tratar la diferencia que ya ha mencionado. Entre la carta escrita por el Espíritu de Dios y la que fue escrita en piedra, Pablo se da cuenta que lo que ha afirmado puede ser fácilmente torcido y mal interpretado en el sentido de que él se esté promoviendo y alabando a sí mismo. Procede entonces a aclarar lo que ha dicho. Pablo nos deja ver que el problema surgió con personas venidas de Jerusalén que habían estado creando confusión entre los hermanos a fin de hacerlos regresar a la fe judía. Pablo ahora va a mostrar que su ministerio es mucho más glorioso que el que les fuera encomendado a los levitas. En este pasaje va a demostrar que él no quiere nada para sí. Su confianza está puesta en Dios quien lo capacita para el ministerio del nuevo pacto.

"Y tal confianza tenemos mediante Cristo para con Dios" (v. 4). La confianza del apóstol parte de la confirmación espiritual de los corintios que sirven para dar crédito al ministerio de Pablo. Pablo no pide ningún reconocimiento para sí mismo como alguien que quiere mostrar su competencia. Su seguridad nace del señorío de Cristo en su vida. Lo que ha hecho es para la gloria de Dios, no para sí mismo. Silenciando a sus acusadores, no permite que su persona reciba honores indebidos. La nueva vida en los corintios no fue creada por Pablo sino por el Espíritu de Dios. Pablo no reclama suficiencia. Su confianza anclada en Cristo ha surgido por medio de Cristo para gloria de Dios.

"Nuestra competencia proviene de Dios" (v. 5). Oímos el popular himno "El Shaddai" que quiere decir el Todopoderoso, pero que también significa "el que es todo suficiente", indicando que la suficiencia de Pablo, cualquiera que sea, tiene su fuente en Dios. Pablo repite lo que ha dicho en la primera carta: "Pero por la gracia de Dios soy lo que soy; y su gracia no ha sido en vano para conmigo, antes he trabajado más que todos ellos; pero no yo, sino la gracia de Dios conmigo" (15:10). Si alguien tenía cómo demostrar competencia ese era Pablo, pero él rehusaba hacerlo. Esta es una gran lección de humildad y servicio para todos nosotros. El crédito de lo que hacemos no es para beneficio personal. Dios es quien recibe la gloria porque nosotros sólo somos instrumentos en sus manos.

"Nos hizo ministros competentes de un nuevo pacto" (v. 6). A diferencia de los falsos maestros, Pablo podía indicar la ocasión y el llamamiento recibido directamente de Dios en el camino a Damasco (Hch. 9:3-18; 22:14-16; 26:16-18; 1 Ti. 1:12). En ese lugar, Ananías fue comisionado por Dios para dedicar a Pablo para el ministerio. El Dios que lo llamó y que lo comisionó para el servicio ha sido una fuente de admiración para el apóstol a través de toda su vida. Quien ha sido llamado por Dios para el ministerio sabe bien del poder de Dios y de la suficiencia que El concede a sus siervos fieles. A la manera de Pablo jamás debemos buscar alabanza personal sino la gloria de Dios.

El pacto referido tiene que ver con un acuerdo donde Dios ha tomado la iniciativa para relacionarse y darse a conocer a nosotros. No es un pacto entre iguales sino que es la oferta de gracia de Dios que nos ofrece salvación y vida eterna por medio de Jesucristo. A esta oferta el pueblo de Dios responde en entrega, obediencia, y gratitud que apronta para el servicio. La intimidad de la relación entre el pueblo y Dios es lo que lo hace diferente. Este no es un pacto de prescripciones escritas sino que su mismísima esencia está en que Dios hace Su habitación en medio de los hombres. Dios es el Dios de los creyentes y ellos son Su pueblo.

El pacto es nuevo en tiempo por la venida de Cristo dentro de la historia. Pero como ya se ha indicado, es nuevo también en la calidad de relación que debe existir entre el pueblo y Dios. Este nuevo pacto de amor nos responsabiliza a la manera de Pablo para con Dios y nuestro prójimo. Somos llamados por Dios para anunciar el poder salvador que se ha operado en nosotros. Esta es la vida del Espíritu. El pueblo de Dios vive en la convicción de la vida transformada por Dios. El estilo de vida corresponde a la voluntad de Dios que nos ha sido revelada.

"La letra mata, mas el espíritu vivifica". Por "letra" aquí el apóstol indica la manera cómo el pueblo en la antigüedad entendió su relación con Dios. Fue una relación que tenía que ver con la observación externa de regulaciones escritas. La ley fue dada en el Antiguo Pacto como el medio regulador de la relación del pueblo para con Dios. La relación de un nuevo pacto no implicaba anular las ordenanzas morales del antiguo pacto. No había ningún interés en despreciar la ley mosaica. El propósito del nuevo pacto era escribir la ley en el corazón de cada creyente y hacer un cambio interior y de base, no uno

superficial nada más. Esta ley, aplicada por el Espíritu a la persona, da
vida. La antigua manera de pretender obediencia externa no pudo
lograr la intimidad que Dios deseaba entre El y Su pueblo. Por eso la
letra traía muerte. El creyente sabe cuán bella es la ley de Dios que
trae vida.

La ley sin la ayuda del Espíritu no trae salvación sino el conocimiento de lo que no debemos hacer y de nuestra insuficiencia para
hacer lo que ella nos prescribe. La ley así nos crea una conciencia de
pecado, pero no nos ayuda en nada a ser victoriosos sobre el mismo.
Es por esto que la letra mata. Pablo así demuestra que el ministerio
que Dios le ha encomendado es superior al que con tanto ardor
defienden los falsos maestros. Contrasta lo ocurrido en el Sinaí con lo
experimentado en el Pentecostés. En Sinaí la ley fue dada en tablas de
piedra escritas por el dedo de Dios. En el Pentecostés tenemos la ley
escrita en el corazón de los hombres. Las prescripciones dadas por
Moisés están vigentes lo cual se ve en toda la enseñanza del Nuevo
Testamento que nos ordena amar. Luego se aclara que al amar se ha
cumplido con toda la ley (Ro. 13:8-10). Pero esto lo logra el creyente
cuando ha aceptado a Cristo como su Señor y Salvador personal.
Cuando Cristo murió, tomó el castigo de todas nuestras transgresiones en contra de la ley de Dios. Toda la condenación merecida quedó
clavada en la cruz de Cristo. Ahora al darnos Su Espíritu nos da vida
eterna con El. La letra mata en el sentido de que cuando pecamos
somos conscientes de nuestro pecado, pero no podemos hacer nada
que nos ayude. El Espíritu da vida en que por gracia nos permite
obedecer la voluntad de Dios. El mandamiento de Dios es bueno en sí
pero el hombre necesita el poder de la gracia para cumplirlo.

"El ministerio de muerte" (v. 7). La ley en sí misma no causó el
pecado, ni trajo la muerte. La ley mostró lo que era el pecado y
prescribió el castigo por el pecado. La ley de ninguna manera hizo que
el hombre cediera al pecado. La ley venida de Dios tenía su demostración de gloria. Aquí se hace la relación histórica de la recepción de la
ley de parte de Dios por Moisés.

"Fue con gloria". Pero la gloria manifestada en la revelación de ley
no fue tan esplendorosa como la manifestada en el ministerio de la
justificación. La gloria debe entenderse como la presencia misma de
Dios en el Sinaí. Moisés, después de su encuentro con Dios, tenía el
rostro tan resplandeciente que la gente no lo podía ver sin que se

pusiera un velo. La gloria, sin embargo, se iba disipando hasta que ya no tenía necesidad de velo. Pablo hace notar que la gloria de ese pacto se desvanecía y no era permanente (Ex. 34:30).

"¿Cómo no será más bien con gloria el ministerio del espíritu?" (v. 8). El nuevo pacto, la nueva relación con Dios hecha posible por Jesucristo, tiene mayor resplandor. La gloria se experimenta en el perdón y la vida que produce y toma una vía totalmente contraria a la de prescripciones. Empieza en nosotros como una pequeña chispa que se va haciendo cada vez más refulgente hasta cuando el Señor aparezca en gloria.

"Mucho más abundará en gloria" (v. 9). La gloria del nuevo pacto irá en forma creciente como dice el proverbista: "Mas la senda de los justos es como la luz de la aurora, que va en aumento hasta que el día es perfecto" (4:18). La idea se repite también an Malaquías cuando dice: "A vosotros los que teméis mi nombre, nacerá el Sol de justicia" (4:2). La presencia de Dios se manifiesta en la vida de los creyentes, pues Cristo ha venido a sus vidas y en Su comunión crecen en la gracia.

"La gloria más eminente" (v. 10). Esa palabra era conveniente para describir la naturaleza de la obra de Cristo como mediador del nuevo pacto. Los falsos maestros no tenían nada tan glorioso como lo que Pablo conocía y había compartido con los creyentes de Corinto. El antiguo pacto daba una luz muy tenue en comparación con los destellos de la mayor gloria revelada en Cristo. Cuando sale el sol no hay necesidad de velas para que nos alumbren.

"Más glorioso será lo que permanece" (v. 11). Los falsos maestros se conformaban con lo bueno pero Pablo les había presentado lo mejor. Muchas veces la gente desprecia lo mejor por lo que es bueno. Lo bueno se convierte en enemigo de lo mejor. Los judíos se conformaban con el pacto antiguo mientras que despreciaban el mejor, el revelado en Cristo. La obra hecha por Cristo es permanente y el creyente tiene la bendición de poder aplicacarla a su vida.

El pacto antiguo fue glorioso pero no tanto como el nuevo pacto cuya gloria es creciente. Pablo considera que su ministerio, por lo tanto, no tiene nada que envidiarle al ministerio del antiguo pacto. El ministerio de Pablo estaba lleno de la gloria de Dios.

Sin Velo Que Esconda la Verdad (3:12-18)

Pablo continúa usando las mismas figuras a las que se ha referido con relación a Moisés y la recepción de la ley en el Sinaí. Les recuerda a sus lectores que lo abierto y simple de su ministerio del evangelio está en contraste con el ministerio de la ley de Moisés, quien halló necesario ponerse un velo sobre su rostro después que hubo hablado al pueblo.

"Teniendo tal esperanza" (v. 12). Esperanza para Pablo no significa algo incierto o inseguro. Esperanza es la certeza de lo que se ha empezado a realizar en la vida del creyente. La esperanza es la base de la seguridad de las promesas de Dios en la vida del cristiano. La esperanza es la gloria de Dios que permanece por la obra de Cristo. Por esta confianza y seguridad, Pablo habló con franqueza y sin ambigüedades con la iglesia.

"No como Moisés" (v. 13). La gloria del antiguo pacto brilló en el rostro de Moisés. Cuando Moisés habló con el pueblo su rostro brillaba. Después él se cubrió con un velo. El pueblo sabía que el resplandor se desvanecería del rostro de Moisés en el curso del tiempo. Desvanecida la gloria, Moisés se quitaría el velo. La gloria era la confirmación de que lo que les decía Moisés eran las palabras de Dios. El ministerio de Moisés se caracterizó por el desvanecimiento de la gloria, escondiéndola de la vista del pueblo. Pero el ministerio de Pablo nos abre la puerta a una gloria que no se desvanece sino que crece de día en día. Pablo entiende su ministerio como de gracia, misericordia y vida para el pecador que se arrepienta, en contraste con el ministerio de condenación y de muerte del antiguo pacto.

"Pero el entendimiento de ellos se embotó" (v. 14). El pueblo no fue obediente a la revelación dada a pesar de las evidencias de gloria manifestadas en Moisés. Como consecuencia sus mentes se endurecieron. Este será el triste resultado de rehusar o suprimir la revelación de la verdad divina. Pablo le muestra a la iglesia que ese velo que impide ver la gloria de la revelación de Dios todavía les queda sobre los ojos. Pero ahora que Cristo ha venido con una mayor gloria que los ha enceguecido más todavía.

"Cuando se lee Moisés, el velo está puesto" (v. 15). El mismo velo que cubrió la gloria del pacto anterior también esconde la gloria completa del evangelio de Cristo. El no haber creído la verdad dada por Moisés les impedía a la vez ver la gloria manifestada en Cristo (Jn.

5:46). Aceptar el mensaje dado por Moisés les hubiera preparado para creer en Cristo.

"Cuando se conviertan al Señor, el velo se quitará" (v. 16). Israel debe volverse al Señor para que su entendimiento se aclare, el velo sea quitado y así puedan tener la visión de la gloria del Señor. Cuando esto suceda serán cambiados de gloria en gloria, reflejando a Cristo en sus vidas. Si contemplamos la gloria de Cristo y fijamos nuestros ojos en El, llegaremos a dar evidencia de sus destellos de gloria en nuestras propias vidas. Pero siempre será la gloria de Cristo la que se verá no la nuestra. El evangelio ilumina el entendimiento del creyente para apreciar que el antiguo pacto vino de Dios con gloria, y a la vez será capaz de ver la gloriosísima revelación de Dios en la encarnación de nuestro Señor Jesucristo. El evangelio ilumina nuestro entendimiento para poner en orden la acción de gracia salvadora en Cristo Jesús. Convertirnos a Cristo es convertirnos a la Luz del mundo, seguir a Cristo es caminar no en tinieblas sino en la luz de su gloria.

"El Señor es el Espíritu" (v. 17). Pablo parece identificar el Espíritu Santo con el Señor resucitado. Y en efecto la obra del Espíritu Santo es una y la misma del Señor resucitado. La fortaleza, la luz, la guía para nuestra vida cristiana vienen igualmente del Espíritu Santo y del Señor resucitado. No es un asunto de *cómo* lo expresamos sino *si* lo experimentamos.

"Donde está el Espíritu del Señor, allí hay libertad". El Espíritu nos capacita para la obediencia a Dios el cual nos concede libertad. No estamos bajo una larguísima lista de leyes y normas que deben ser obedecidas. Resentiríamos el ser obligados a hacer ciertas cosas por la fuerza. Pero si las hacemos movidos por amor realizaremos las tareas más serviles sin que nos moleste para nada, porque todo lo hacemos con un sentido de privilegio. El apóstol había encontrado que su servicio de amor al Maestro le hacía verdaderamente libre (Ro. 8:1). En el servicio a nuestro Señor encontraremos la verdadera libertad. Esta es libertad de la letra que mata y el gozo de la experiencia del Espíritu que da vida.

"Somos transformados de gloria en gloria en la misma imagen" (v. 18). ¡Qué pensamiento tan sobrecogedor! ¡Qué llamamiento tan inmerecido y excelente! Nuestras vidas en Cristo son transformadas en la misma imagen de la gloria de Cristo. Ciertamente, la transformación es progresiva y por lo mismo corrige todas las fallas de nuestras vidas. De ahí que el proceso sea de gloria en gloria. El pasado nunca será lo mejor en la vida del creyente. Lo excelente y perfecto está por realizarse. En la intimidad de nuestra vida, el Espíritu Santo nos está transformando para ser como Cristo. Sí, aún llegaremos a la total conformidad con la imagen del glorioso Hijo de Dios (Ro. 8:28-30).

El agente de esta realización es el Espíritu Santo. Pablo sabía que sin esa acción del Espíritu, él no podría hacer nada. Como Pablo, tenemos libre acceso a Dios por medio de Cristo, y así lograremos una vida transparente. Pablo así demuestra que su ministerio es resplandeciente con la gloria de Cristo que va creciendo y que no se desvanece. Los falsos maestros, con todas sus pretensiones de mayor sabiduría, no podían decir lo mismo.

En Transparencia Apostólica (4:1-6)

Pablo pone de frente su determinación de ser fiel y leal al llamamiento que ha recibido de Dios. Una cosa lo mantiene a flote en medio de las dificultades, la convicción de una gran tarea que cumplir. Recuerdo haber pasado noches trabajando con mucho entusiasmo en las tareas del seminario porque siempre consideré la importancia de una buena educación. Cuando Handel escribió el oratorio "El Mesías", dicen sus biógrafos, le tomó veintidós días en los cuales tuvo toda la energía y creatividad sin sentir hambre y aun comiendo muy poco. El sentimiento de una gran misión nos proporciona la energía y valor necesarios. Pablo consideró así su ministerio.

Pablo, también se inspira en la experiencia salvadora tan llena de gracia y amor de Dios. Pasó su vida demostrando su gratitud por una salvación tan grande.

Los enemigos de Pablo lo acusaban de usar métodos deshonestos, inteligencia inescrupulosa y un mensaje adulterado. Cuando esto le acontece remite todo su asunto al buen juicio de hombres honrados y finalmente a Dios. Atribuye el que no vean con claridad la verdad, a la acción directa del maligno quien los ha enceguecido para que no puedan ver la gloria del evangelio.

"Jesucristo como Señor" (v. 5). El siervo no puede tomar el lugar de su amo. De igual manera el predicador no puede tomar el lugar de Cristo. La predicación tiene como objeto presentar a Cristo como el Señor. El mensaje es: "miren a Cristo y allí verán la gloria de Dios que ha descendido a la tierra en forma que el hombre puede entender". El predicador es un siervo de Cristo que hace su labor por amor. Pablo no tenía ningún motivo indigno al anunciar a Cristo. Lo hacía todo con limpia conciencia y motivado por amor. Este es el ejemplo que como los líderes cristianos debemos comportarnos en nuestro ministerio.

"Resplandeció en nuestros corazones" (v. 6). Pablo recuerda la acción creadora de Dios en Génesis. Si Dios pudo hacer aquel evento tan portentoso, ahora mucho más ha hecho algo tan estupendo que muchos se resisten a creerlo. Dios mismo personalmente ha resplandecido en el corazón del apóstol, e igualmente en todo el que cree. Es la luz divina la que ha disipado las tinieblas del entendimiento entenebrecido por el pecado. Era por esa luz divina en su vida que él podía guiar a otros a esa fuente resplandeciente. No había nada indecente ni escondido que pudiera avergonzarlo. Su fe, su vida, sus motivos, su ministerio estaban a la luz de todos con toda sinceridad y devoción.

Lecciones para la Vida de 2 Corintios 3:1—4:6

Somos una carta abierta.—Lo que somos y lo que hacemos dice a otros el mensaje que queremos comunicar. Es nuestro deber comunicar con claridad el mensaje salvador de Cristo.

Nuestra suficiencia viene de Dios. Somos siervos del Señor que nos capacita para la obra del ministerio al cual El nos ha llamado. No importa cuál sea nuestra tarea, Dios tiene recursos amplios con los cuales nos da la gracia de hacer bien lo que nos encomienda.

La vida en el Espíritu debe ser cultivada.—El creyente tiene muchos enemigos. El camino de la menor resistencia es acomodarnos a ser como los demás para que no se note que somos diferentes. La intimidad con Dios de hecho nos hace diferentes. Tomar esa diferencia como una distinción divina debe ser nuestra actitud.

El resplandor de la gloria del evangelio nos ilumina.—Cristo vino a mostrarnos la gloria de Dios de una manera permanente, no como el pacto antiguo cuya gloria se desvaneció. El evangelio de modo progresivo nos deja ver más y más de la gloria de Dios.

El creyente va creciendo de gloria en gloria.—En la intimidad del creyente con el Señor la gloria crece. El pasado jamás podrá contener lo mejor. La edad de oro de la vida cristiana está siempre por delante. Nuestro esfuerzo no debe ser conservar lo logrado sino procurar nuevas conquistas.

El Espíritu da libertad.—Del pecado, de nuestros prejuicios, de nuestro orgullo, de nuestro desaliento, de nuestros temores de todo esto y más el Espíritu nos libera.

Actividades de Aprendizaje Personal

1. Los corintios decían que Pablo no había traído cartas de
_____.

2. _____ son
su recomendación.

3. Pablo afirma que su suficiencia se debía a los muchos estudios que había cursado.

4. Que la "letra mata", quiere decir que no debemos estudiar mucho porque las muchas letras lo vuelven a uno loco.

5. El pacto hecho en el Sinaí no tuvo ninguna gloria.

6. El pacto por medio de Cristo tiene una gloria que no se desvanece.

7. El velo no permite ver la gloria de Dios, pero al convertirnos a Jesucristo el velo se quita.

8. Cuando el Espíritu reside en el creyente experimenta la verdadera libertad.

9. La experiencia del creyente con Cristo es progresiva, pues lo lleva de gloria en gloria.

10. La vida del hombre tiene que ser iluminada por Cristo mismo.

CAPITULO 4

2 CORINTIOS 4:7—6:10

El Ministerio de la Reconciliación

En este pasaje Pablo afirma que la maravillosa obra salvadora de Cristo en la vida de la persona demanda una respuesta de amor. Lo que Cristo ha hecho es tan admirable que, aunque nuestro cuerpo se desgaste, la obra de Su gracia crea de continuo en el espíritu un nuevo ser. El amor de tal acción produce tales sentimientos de entrega que la persona obedece el liderazgo de Dios. No sólo se es dócil al Señor sino también a los líderes que el Señor ha puesto en Su obra. Lo que más desea Pablo es ser agradable a Dios. El amor de Dios expresado en la muerte de Cristo nos mueve a ser embajadores para la reconciliación de todos los que deseen creer. Quien ha experimentado la nueva vida que da el Señor quiere compartirla con el mundo entero. La fidelidad a la comisión reconciliadora demanda sacrificio y perseverancia en medio del dolor y finalmente será juzgada por Dios.

Viviendo por la Fe (4:7-18)

La realidad de vivir por la fe en circunstancias aflictivas es ilustrada por uno de esos héroes de la fe que tuve el privilegio de conocer en Colombia. Arturo Gaona era un hombre sencillo, agricultor de profesión quien habitaba con su familia en el valle alto del río Magdalena, el río más importante de Colombia. Por la violencia política y religiosa que se desató entre 1948 y 1957, él y su familia tuvieron que salir abandonando todo y encomendando sus vidas a Dios. Radicado en las llanuras del este del país, por su fe sufrió la pérdida de su casa y de dos de sus hijos. Con lágrimas en sus ojos él les dio sepultura antes de huir de ese lugar y adentrarse en la selva. A mí me tomó un día de camino para llegar adonde radicaba la familia Gaona. Pero al encontrarme con este hermano pude sentir el calor de su amor por el Señor.

Esa noche en la selva, don Arturo reunió a todos los que con él habitaban y tuvimos un servicio con más de 40 personas. Al contarme el hermano Gaona de sus dolores me decía que nada ni nadie podría apagar su amor por el Señor, pues sabía en quien había creído. Además, me decía, por todo lo que yo he pasado he sentido dolores de muerte, pero yo no temo morir porque el Señor me ha perdonado y todo lo que sucedería sería que iría a morar con El, lo cual es muchísimo mejor. ¡Qué vida tan rica la de este hermano que casi ni sabía leer! He considerado que el hermano Arturo Gaona nos da un buen ejemplo de lo que es vivir por la fe en condiciones dolorosas.

"Pero tenemos este tesoro en vasos de barro" (v. 7). Los privilegios del creyente podrían guiarlo a un estado de orgullo. El apóstol se apresura a mostrarnos que aunque la gloria de Cristo nos ha tocado, todavía somos seres mortales. La luz del conocimiento de la gloria de Dios es sublime, pero la persona que recibe este conocimiento es débil y frágil y además indigna de tal privilegio. Este contraste no nos permite mostrar orgullo ante nadie, pues todos estamos en iguales condiciones por razón de nuestra naturaleza.

Pablo prepara la base para tratar las acusaciones de que era víctima cuando decían que era de presencia despreciable. La comparación con los vasos de barro era conocida por los corintios, pues en el mercado se vendían vasijas de barro que eran muy frágiles y se rompían con mucha facilidad. Las familias guardaban sus objetos valiosos en estas vasijas. Se relata que cuando los ejércitos romanos entraban como conquistadores traían los valiosos botines en recipientes de barro. La idea de Dios como alfarero no es extraña a las enseñanzas del Antiguo Testamento. Aparece en Génesis en la creación de Adán del polvo de la tierra. También Jeremías piensa de Dios como alfarero. El Nuevo Testamento también sostiene esta misma línea de pensamiento, la cual recuerda que el hombre es terreno.

"Para que la excelencia del poder sea de Dios". En contraste con la debilidad del hombre se presenta la excelencia de la gloria de Dios. Este contraste es para acentuar más la debilidad humana desafiada por el poder de Dios el cual trasciende toda debilidad humana. Toda la enfermedad de nuestra naturaleza humana no puede ayudarse a sí misma a menos que Dios intervenga en su favor. En toda nuestra limitación e insuficiencia, sin embargo, los creyentes no sólo son vencedores sino más que vencedores por medio del que nos amó y se entregó a sí mismo por todos, a saber el Señor Jesucristo.

Los falsos maestros venidos de parte de los judíos eran los que debían recibir este mensaje ya que ellos lo atribuían todo a su sabiduría y capacidad personal. Se olvidaban por completo de su mortalidad y fragilidad. A los generales victoriosos había circunstancias que los mantenían humildes en medio de sus laureles. Primero, tenía que ver con la certeza de que era mortal. La gloria no duraría más que su aliento. Nada se puede hacer frente a la muerte y únicamente Cristo pudo vencerla. En segundo lugar, los soldados que venían con él le cantaban alabanzas, pero a la vez proferían maldiciones para que no se envaneciera tanto. Hay elementos en la vida del hombre que lo mantienen sin posibilidades de enorgullecerse. Las enfermedades de la vida nos recuerdan que no hemos llegado todavía a la gloria y que la muerte es inevitable. Todo esto nos invita a depender de Dios y no de nosotros mismos.

Pablo continúa haciendo una lista de los contrastes que suceden en la vida del creyente. Contrastes del dolor que trae la vida con las bendiciones que Dios concede. En Cristo encontramos la muerte, la resurrección y la glorificación, en este orden. De igual manera pasa en la vida del creyente. Mientras que está aquí, está muriendo; cuando sobrevenga la muerte, la resurrección se manifestará poderosa y entraremos en la etapa de la glorificación. Con el vigor de una gran fe, Pablo sabe de la resolución de sus sufrimientos y enfermedades. El sabe que aquí está sostenido por el Señor y puede anticipar las glorias venideras. Pablo pudo soportarlo todo porque sabía que eso era para la salvación de otros que llegarían a los pies de Cristo. Muchos han sido capaces de soportar lo peor porque conocen la grandeza de la causa por la cual padecen. Si Jesús padeció tanto por nosotros, no hay ningún sacrificio que sea demasiado grande de parte del creyente.

"Por tanto, no desmayamos" (v. 16). Pablo presenta las razones por las cuales es capaz de mantenerse en la carrera. El argumento que presenta es que morimos mientras vivimos. Y ahora, en la consideración de lo que es la entrega total de la vida, Pablo todavía considera que cuando todo se hace por la motivación del amor, como ha sido su caso, los rigores de las adversidades aun de la muerte no podrán hacerlo desistir de su servicio en el nombre de Cristo.

Nuestro hombre exterior se va desgastando. Sí, el cuerpo del hombre va perdiendo su vigor y lozanía. Esto es natural en la vida de todos los hombres. Dios nos hizo para una duración temporal. Como dice el himno: "Soy peregrino aquí, lejos está mi hogar", debemos acostumbrarnos a la idea de que este mundo no es nuestro hogar permanente. El cuerpo por lo consiguiente se ve afectado por enfermedades propias a nuestra fragilidad humana.

"El interior no obstante se renueva de día en día". La vida espiritual está escondida con Cristo en Dios. De El derivamos los recursos necesarios para hacerle frente a nuestras circunstancias. Por la relación de amor entre Dios y el creyente todo lo que le pasa a éste contribuye a su renovación. Aun los mismos sufrimientos y problemas que debilitan el cuerpo fortalecen la consistencia de la vida espiritual. El tiempo deja sus marcas en nuestro estado físico pero nuestra relación con Cristo desarrolla nuestros músculos espirituales. La belleza física es reemplazada por la belleza espiritual. Espiritualmente vamos subiendo más y más cerca de Dios hasta cuando lleguemos a El. Dios, siendo la fuente de la vida, nos rejuvenece conforme a Su amor expresado en Cristo. El que está en Cristo no le teme a los años ni a la ancianidad porque sabe que todo lo acerca más al Señor.

"Porque esta breve tribulación". El decaimiento del hombre exterior es realmente breve y tiene sus dolores. La eternidad está frente al hombre y en comparación lo que aquí se padece no es nada. Además todo lo ha entendido desde su relación con Cristo.

"Produce en nosotros un cada vez más excelente y eterno peso de gloria". El padecimiento mismo no produce ningún mérito espiritual. Cualquier pensamiento o afirmación en este particular anularía lo que ha afirmado acerca del tesoro en vasos de barro. Hay mucho sufrimiento en el mundo que no contribuye en nada ni es beneficioso para el hombre. El sufrimiento en la vida cristiana en sí mismo no se puede considerar deseable. El sufrimiento que como cristianos padecemos es más bien un medio para que nos demos cuenta del Dios de amor y de poder que nos capacita para abrir nuestros ojos, y ver con claridad la acción divina en nosotros. Así se verá la gloria del Señor que es excelente y eterna. La gloria se va mostrando con mayor plenitud. En su experiencia Pablo siente que la contemplación de la gloria crece en intensidad de manera que la gloria vista es superada por nueva gloria. No habrá tiempo cuando esto no suceda si el creyente mantiene su intimidad con Cristo.

"No mirando nosotros las cosas que se ven" (v. 18). La fe tiene lentes especiales que nos capacitan para ver más allá de los campos de la visión humana. Por esto Pablo ora para que los creyentes sean alumbrados en los ojos de su entendimiento, (Ef. 2:18). Las visiones gloriosas de los hijos de Dios han sido vistas con los ojos de la fe. Estamos condicionados a ver las cosas desde el punto de vista terrenal y temporal. Por lo mismo la visión no puede ser muy profunda. Pablo nos invita a que ejercitando la fe veamos las cosas que no se ven porque éstas son eternas. "Es, pues, la fe la certeza de lo que se espera, la convicción de lo que no se ve" (He. 11:1).

Al visitar a mi familia, en una ocasión uno de mis sobrinos me preguntó acerca de mi situación económica. Yo no tenía nada para exhibir, no estaba ganando mucho ni tenía nada qué compartir. Aunque no me lo dijo supe que en su opinión mi vida era un fracaso. El sí podía mostrarme una casa linda, carro y prosperidad económica. A Pablo se le consideraba un fracaso. Pero Cristo nos enseñó que la vida del hombre no consiste en la abundancia de los bienes que posee. Esto desde luego no está de acuerdo con la filosofía de muchos que dicen "cuanto tienes, cuanto vales". Pero lo que se ve es temporal, y no es nada seguro. En un momento se puede tener muchísimo y una sola decisión puede dejar al hombre en la ruina. Quien pone su fe en lo temporal está condenado a la superficialidad de sus vanas promesas, que son igualmente temporales.

"Pero las que no se ven son eternas". El Señor Jesucristo nos recuerda que la peor tragedia del hombre es ganar el mundo y perder su alma. Pablo enfrenta un futuro cierto, pues está en las manos de Dios. Esta es la manera valiosísima de mirar la vida. En su fe Pablo veía al Invisible, (He. 11:27). No hay realidad más radiante que la del servicio a Cristo con una vida que vive su fe. Pablo sabe que si él va a ser un instrumento de reconciliación será en la experiencia personal de lo eterno que invade y se hace presente en lo temporal. Sus padecimientos significan que Dios le permite seguir viviendo a pesar del dolor, porque lo ama y desea sostenerlo en medio de sus luchas. La vida de fe al estilo paulino nos capacitará para ver lo eterno actuando en nuestro favor mientras sufrimos. Así crecemos a la imagen de Cristo.

48

Viviendo en Esperanza (5:1-10)

En el *Progreso del Peregrino,* Juan Bunyan nos describe a Cristiano, quien después de haber sorteado toda clase de experiencias en su camino a la Ciudad Celestial, se encuentra frente a ella pero el último obstáculo queda por salvarse. Este representa el obstáculo de la muerte. Para el mundo sin Cristo el envejecer y morir es una gran incógnita que causa temor. Para el creyente la comprensión de lo que es la vida y la muerte es un asunto claro y concreto. En este pasaje Pablo va a abrirnos los ojos a lo que es el entendimiento cristiano con relación a las limitaciones de la vida aquí, de la muerte y de lo que sigue después de la muerte. La experiencia cristiana es fortalecida por la esperanza.

"Porque sabemos" (v. 1). Esta convicción corresponde a la fe viva a la cual el apóstol ha acabado de hacer referencia en el pasaje anterior. Este es conocimiento especial concedido a los creyentes cristianos. No es conocimiento que brota de la inteligencia de los hombres. El conocimiento lo obtenemos por el Espíritu Santo. En los sistemas filosóficos se hablaba por ejemplo, de la inmortalidad del alma. A diferencia de esos sistemas, el cristianismo afirma no sólo la redención del alma sino que establece la redención dentro de un cuerpo espiritual. La redención es total para el hombre, no sólo del alma sino también del cuerpo. La esperanza se fortalece en la afirmación de que todo lo que somos será redimido. Pablo nos presenta una doble posibilidad, la de estar vivos al tiempo de la venida triunfal de Cristo o la de estar muertos cuando Cristo aparezca. Siendo que la venida de Cristo será de repente nos conviene vivir de tal manera que cuando ocurra nos halle haciendo bien (1 Jn. 3:3).

"Que si nuestra morada terrestre". Esto significa nuestra manera de ser aquí en la tierra. La fragilidad de nuestros cuerpos presentes se asemeja a la frágil habitación de las tiendas de campo que se usaban en aquel entonces.

"Este tabernáculo, se deshiciere". Se recuerda aquí la experiencia del pueblo de Israel en su peregrinación hacia la tierra prometida. El tabernáculo fue llevado de un lugar a otro con mucho cuidado y protegido por una tienda de campaña, dando a entender lo transitorio de la existencia humana como la conocemos hoy. Una parte de la realidad de nuestra vida es la muerte. La Biblia dice que está establecido que los hombres mueran y después que haya el juicio (He. 9:27).

Cada tabernáculo humano será desmantelado por la muerte.

"Tenemos de Dios un edificio". En contraste con lo transitorio del tabernáculo, el creyente tiene la seguridad de algo más permanente. El edificio tiene fundamentos sólidos lo cual indica la estabilidad soñada para la vida del hombre. El mismo Dios que nos creó temporales, en primer lugar, ahora ofrece dentro de la nueva creación una morada permanente. Esta será gloriosa y sin la contaminación del pecado y sin corrupción y servirá para la comunión ininterrumpida con Dios. Para los creyentes este es un regalo de la gracia de Dios.

"No hecha de manos, eterna, en los cielos". Pablo conocía bien de lo que estaba hablando. El era constructor de esas tiendas hechas a manos y conocía la durabilidad de ellas. El nuevo edificio es de carácter permanente o eterno en los cielos. El contraste aquí acentúa la diferencia entre lo temporal y pasajero, y lo eterno y permanente. A la manera de la resurrección de Cristo el creyente tendrá un cuerpo incorruptible. Pablo nos enseña que debemos esperar el cuerpo espiritual para servir y adorar a Dios por la eternidad.

"Gemimos" (v.2). La eternidad no se ve como un escape de la vida a la nada, sino como la entrada a la vida en el cuerpo adecuado para la nueva creación y servicio a Dios. El **gemido** no es odio a la vida como la conocemos hoy. No hay sentimiento de desprecio para la vida presente. Pero como tenemos las arras del Espíritu ya sabemos del sabor de la nueva vida; por eso deseamos experimentarla en forma permanente. El creyente ya está gozando de la nueva vida que Cristo ofrece. Por eso no sabemos qué escoger, aunque sabemos que estar con Cristo es muchísimo mejor. Realmente lo que no se anticipa ni se desea es la experiencia de la muerte.

"Seremos hallados vestidos". *Vestidos* indica que cuando Cristo venga la ciudadanía celestial ya estará realizada. En contraste, desvestidos, significará que lo mortal tiene que ser vestido por la vida eterna. El deseo de Pablo es que mientras está en el cuerpo temporal de alguna manera pueda tener ya la experiencia de la transformación espiritual. Así cuando Cristo apareciera ya no tendría necesidad de nada más.

"Revestidos" (v. 4). El no tener cuerpo temporal es lo que Pablo llama estar desnudos. Ser revestidos es no tener que pasar por lo experiencia de la muerte. Esta experiencia permitiría al creyente ser transformado en un instante sin tener que pasar por la muerte. Esto es lo que el apóstol quería que pasara en su vida. Realmente, todos los creyentes deseamos que así sea con nosotros.

"Para que lo mortal sea absorbido por la vida". Esto se entiende a la luz de la resurrección de Cristo quien se levantó de la tumba venciendo la muerte. Cristo es el primero en levantarse de la tumba con una victoria tan real que lo mortal fue verdaderamente absorbido por la vida. El cuerpo será redimido. Cada creyente estará adecuadamente preparado para la eternidad. Esta es una manera de ser tan nueva que nuestra imaginación no tiene los elementos para captar la plenitud de la vida eterna.

"Mas el que nos hizo para esto mismo es Dios" (v. 5). La investidura de un nuevo cuerpo es un milagro de Dios. Por su amor y gracia el creyente tiene la dicha de anticipar la vida glorificada con la redención total. De esto nos habla Pablo cuando asegura que quien comenzó en nosotros esta buena obra la perfeccionará hasta el día de Jesucristo (Fil. 1:6). La seguridad del creyente está en Dios quien realiza esta obra. Nada podrá impedir o frustrar Su voluntad concerniente a nuestra salvación.

"Nos ha dado las arras del Espíritu". En los contratos sociales se acostumbra a dar un depósito como indicación de la seriedad del compromiso que se contrae. Cuando vamos a comprar una casa es necesario poner dinero de antemano para que se proceda a hacer el traspaso de la propiedad al comprador. Dios ha querido darnos la evidencia de la seriedad de sus intenciones para con nosotros al darnos de su divino Espíritu cuando creemos. Con El nos sella, y El es nuestra garantía de que su plan salvador se consumará en nosotros. El futuro para el creyente no se presta a especulaciones humanas, sino que está firmemente fundamentado en Dios mismo quien ha hecho de nosotros Su templo. La vida después de la muerte es tan cierta como el amor y las promesas de Dios. Hay que admitir que nuestro Dios es maravilloso en Su amor para con nosotros.

"Estamos en el cuerpo" (v. 6). La vida del creyente es una vida de confianza en Dios. Desesperar sería negar la seguridad que da la presencia del Espíritu en nuestra vida. La seguridad no depende en si Cristo viene antes o después de la muerte. Estar en el cuerpo presente no es estar huérfanos de la presencia de Dios. La vida aquí significa que todavía estamos ausentes del verdadero hogar. La muerte se concibe como la puerta de entrada al hogar eterno donde estaremos siempre con el Señor. Pablo no está deseando la muerte, pues tiene una carrera que terminar y una tarea de reconciliación que cumplir. En verdad la vida aquí se considera rica en gran manera con la presencia de Dios. Pablo, sin embargo, deja ver la esperanza y seguridad que tiene el creyente. Para quienes morían sin ver realizada la venida de Cristo, no tenían nada que temer, ni habían perdido nada tampoco. En el partir de esta vida había mayores bendiciones en la eternidad.

"Más quisiéramos estar ausentes del cuerpo" (v. 8). Siempre habrá en el corazón del hombre el anhelo por las cosas mejores, más reales y permanentes. Estar presente con Cristo es mucho mejor. No hay que pensar que Pablo ya estaba fastidiado de vivir. El vivía "en Cristo", y vivir en Cristo hace apreciar la grandeza y riqueza de la vida aquí, y nos anticipa lo dichoso que será vivir en la eternidad. Por eso morir no envuelve ningún peligro ni pérdida sino la gran ganancia de estar en la gloriosa presencia del Señor.

"Procuramos . . . serle agradables" (v. 9). La razón de la vida del creyente es dar gloria a Dios. En esta vida y en la eternidad busca siempre agradar a Dios. Esto se acentúa más sabiendo que todos compareceremos ante la presencia de Dios para dar cuenta y razón de lo que hemos hecho. Esta convicción del juicio de Dios no le causa preocupación al creyente, pero ¿qué de los que no han conocido al Señor Jesús? Serán condenados eternamente si no aceptan a Cristo como su salvador personal.

El creyente, pues, vive en esperanza. La seguridad que tiene de Dios en Cristo lo capacita para encarar la vida y también la muerte sin preocupaciones.

Viviendo en Amor (5:11-21)

Pablo les demuestra a los corintios que su entrega es sincera y que con limpia conciencia sirve los intereses de la causa de Cristo.

"El amor de Cristo nos constriñe" (v. 14). En este pasaje Pablo deja en claro su objetividad y su gran amor por los que no conocen a Cristo. Pero esta postura no es el resultado de sus buenas maneras y de su carácter noble. Lo que Pablo hace y siente es ahora el producto del amor de Dios que ha tocado su vida y lo ha hecho una nueva criatura. En Cristo su Salvador y Señor estaba la fuente de toda su conducta.

"Si uno murió por todos, luego todos murieron". La obra redentora y reconciliadora de Cristo es suficiente para todos los que le reciben y ponen su confianza en El. Su sacrificio fue perfecto y en Su muerte llevó el pecado de todos los hombres, y al derrotar el pecado y la muerte damos gracias a Dios por esa obra de amor tan grande. El poder irresistible del amor de Cristo nos obliga, porque Cristo no tenía que morir por nadie. Cristo no merecía la muerte. Su gran sacrificio fue hecho por amor. El sufrió nuestra muerte, y cargó con nuestro castigo.

"Y por todos murió" (v. 15). Cuando somos alcanzados por el amor de Dios la vida toma otro curso. Ya no es posible seguir teniendo los sentimientos egoístas, sino que saliendo de nosotros mismos ahora vivimos con el propósito único de alabar y glorificar a Dios agradándole en todo.

"A nadie conocemos según la carne" (v. 16). Los valores sociales de raza, posición social, riqueza, títulos y poder ya no tienen la menor importancia. Un trato en razón de estos elementos es vano y sin sentido. Esas cosas que otros consideran ventajosas en la vida no sirven de base para el amor cristiano. El amor de Cristo es la base y fundamento de los nuevos principios que rigen las relaciones sociales.

"Si alguno está en Cristo, nueva criatura es" (v. 17). Lo que cambia al hombre de una vida de envidia, pleitos, rencores, odios, y de todo pecado es la nueva relación de amor con Cristo. Esa relación produce en el hombre una naturaleza totalmente nueva. El nuevo hombre es creado para justicia y rectitud en santidad y verdad (Ef. 4:24).

"Las cosas viejas pasaron". A consecuencia del nuevo nacimiento todo lo anterior quedó relegado a un pasado ya ido. Las distinciones, los prejuicios, los falsos valores, y las esclavitudes de la vida anterior ya no tienen asidero en la vida del nuevo creyente. Todo es hecho nuevo.

"Y todo esto proviene de Dios" (v. 18). La nueva creación es amor divino en acción. El futuro prometedor se abre con todas sus posibilidades a causa de la reconciliación que Dios ha obrado en nuestro favor por medio de Cristo. Habiendo dejado el pasado atrás el nuevo creyente está llamado a ser instrumento de reconciliación.

"Que Dios estaba en Cristo" (v. 19). El creyente no efectúa la obra de reconciliación sino que invita a la fuente donde el pecador puede hallar el perdón, es decir a Cristo. Dios no ha deseado condenar al hombre ni al mundo, por eso en Cristo ha provisto la manera de construir un puente entre Su creación y El mismo. Dios perdona los pecados. Esta es la gran noticia que el reconciliador tiene que comunicar al mundo perdido. El hombre no tiene por qué cargar con la carga de su pecado. Puede ponerla en Cristo y ser librado de la pena del pecado de una vez y para siempre.

"Somos embajadores en nombre de Cristo" (v. 20). Una vez perdonados, Dios nos ha encargado y autorizado para ser sus representantes. Nuestra misión es decirle al mundo que en Cristo Dios nos ama y perdona obrando así la reconciliación. Por eso en nombre de Cristo rogamos al mundo en enemistad con Dios que se amiste con El. Este es un llamamiento de amor de quien brinda amor, Dios; y de quien vive por el amor de Dios, el creyente.

"Al que no conoció pecado" (v. 21). Cristo vivió sin pecar. Sin embargo, por amor tomó sobre sí los pecados del mundo. Cristo fue a la cruz con nuestro pecado para derrotarlo para siempre. La invitación a la reconciliación es posible porque Cristo ha solucionado el problema de nuestro pecado. Muere por el pecado de los hombres para que el pecador pueda ser restaurado a la bendita relación con Dios.

Al experimentar el amor restaurador, que nos libera de los temores del juicio de Dios, somos comisionados a llevar a cabo una actividad de amor, la reconciliación que el hombre puede tener por Dios en Cristo.

Viviendo en Compasión (6:1-10)

"Exhortamos también a que no recibáis en vano la gracia de Dios" (v. 1). Por esa relación especial como ministros de Cristo y como colaboradores de Dios, Pablo presenta una súplica a los corintios de vivir a la altura espiritual a la cual Dios los había llamado. La vida entendida de otra manera es vana sin que la gracia de Dios se deje ver en ellos. No era que estuvieran en peligro de perder su salvación, sino que por sus problemas estaban perdiendo la oportunidad de ejercer el ministerio de la reconciliación para el cual habían sido comisionados. En vez de estar edificando oro, plata, piedras preciosas, estaban edificando madera, heno y hojarasca.

"He aquí ahora el día de salvación" (v. 2). Los corintios son animados a encauzar su esfuerzo y talento en lo que era realmente importante, la salvación de los que no habían sido reconciliados con Dios. Ellos estaban desatendiendo lo más importante, compartir con otros la gran noticia de salvación. Lo que causa tristeza al corazón del Padre es que habiendo recibido la gracia de Dios, se hagan cosas que anulan la acción de la gracia salvadora que hubiera servido para la restauración total de otros. Hoy es día de esperanza, si el pueblo de Dios toma en serio la tarea de ser embajadores de Cristo por la cual ruega al mundo que se reconcilie con Dios.

"No damos a nadie ninguna ocasión de tropiezo" (v. 3). En todas las circunstancias de la vida Pablo sólo tenía un interés, mostrarse siempre como un siervo fiel, sincero y de bendición como ministro de Jesucristo. Por amor a Cristo, y por la compasión que ha inundado su corazón, Pablo no ahorra esfuerzo en el cumplimiento de su misión. Esto significó el padecimiento de una serie de sufrimientos e inconvenientes que muy pocos estarían dispuestos a sufrir. "Nos recomendamos en todo como ministros de Dios" (v. 4). La calidad de su testimonio era tal que no tenía nada de qué avergonzarse. Sus aflicciones personales no le robaban su entusiasmo. Las tribulaciones externas sólo hacían su resolución más tenaz.

En el ministerio de la reconciliación, Pablo vivía por la fe; era sostenido por la esperanza de un futuro cierto; vivía motivado por el amor de Cristo y finalmente su compasión lo llevaba a soportar lo que fuera con tal de ser de bendición a la causa de Cristo y a la iglesia de Dios. A esto mismo somos llamados los creyentes de todas la edades. Urge que tengamos tan alto concepto del llamamiento de Dios para ser Sus embajadores a un mundo enfermo y sin esperanza.

Lecciones para la Vida de 2 Corintios 4:7—6:10

Vivamos por la fe. Será la medicina que nos ayude a soportar toda clase de infortunios y sufrimientos sin perder la fuerza para seguir adelante.

Bendecidos por la muerte. Dios nos ha preparado una morada permanente para cuando nuestro cuerpo se deshaga. La vida eterna que ya gozamos está asegurada permanentemente en Dios.

Siendo agradables a Dios. La bendición de la fe y la seguridad de la esperanza son los motivadores para que agrademos a Dios en todo. Debemos dar cuenta a Dios de todo lo que hacemos y será mejor no tener nada de qué avergonzarnos.

Las cosas viejas pasaron. El que está en Cristo no puede seguir viviendo el estilo de vida de un inconverso. Estamos llamados a una nueva manera de vivir.

Somos embajadores de la reconciliación. Debemos estar conscientes del privilegio de nuestra acción de reconciliación y no callar jamás, no importa cuáles sean los inconvenientes que tal acción nos traiga.

Hoy es día de salvación. Para dar testimonio de la gracia de Dios y para recibir esa gracia de Dios este es un día de oportunidad. Sin la seguridad de la salvación la gente perece y sin anunciar la salvación la gente no puede creer.

Actividades de Aprendizaje Personal

1. La gloria de Dios es un tesoro que tenemos en vasos de oro y de plata.
2. La excelencia del poder es de (escoja una de las respuestas):
   a. de nosotros.
   b. de la iglesia como un todo.
   c. de Dios únicamente.
3. El hombre interior:
   a. se desgasta con el tiempo.
   b. se renueva de día en día.
   c. se mantiene sin cambio alguno.
4. Tabernáculo, en este pasaje, quiere decir _____.
   a. el templo, b. el cuerpo, c. la sinagoga.
5. En 2 Corintios 5:14 Pablo presenta la motivación de su ministerio como:
   a. una obligación
   b. trabajo fatigoso
   c. el amor de Cristo
6. Reconciliar significa:
   a. reconsideración de un plan.
   b. volver a tener amistad.
   c. reconstruir lo dañado.
7. Cristo en Su ministerio:
   a. pecó como todos los hombres.
   b. Dios lo hizo pecado por nosotros.
   c. El nunca supo que había pecado.
8. Hoy es día de oportunidad para la salvación.

Respuestas:
1. Falso; 2. (c); 3. (b); 4. (b); 5. (c); 6. (b); 7. (b); 8. Verdad.

CAPITULO 5

2 CORINTIOS 6:11—7:16

La Apelación al Amor

Pablo hace un llamamiento muy sentido al amor practicado en santidad. El instruye a la iglesia en cuanto a la manera en cómo no relacionarse con los inconversos. Les recuerda que su conducta testifica de su fe. Siendo que no se puede armonizar el creyente con el infiel, la luz con las tinieblas, ni la santidad con la impureza, el creyente debe esforzarse por vivir un diferente estilo de vida. Este llamamiento nace del amor de Dios y del amor que Pablo tiene por los corintios. Para que el amor sea perfecto debe proceder de un corazón que ha experimentado el arrepentimiento. El arrepentimiento es una necesidad imprescindible cuando el pecado se ha hecho presente en la vida del hombre. En última instancia, el llamamiento de amor es para que los corintios puedan experimentar la dicha de la comunión continua con Dios.

Introducción

¿Cómo se sentiría si recibiera una carta como la siguiente:

"Estimado Padre:

Sé que te sientes orgulloso del privilegio de tener hijos. Los hijos son una bendición de Dios. Además tus hijos te brindan grandes gozos y satisfacciones. Perdóname si en medio de tanto regocijo me atrevo a hacerte las siguientes reflexiones, que alguien ya me las hizo a mí.

Tus hijos están creciendo en un medio donde hay mucha perversidad; el desmoronamiento moral es evidente en nuestro día. Considerándolo bien hoy hay más peligros para ellos que cuando crecíamos nosotros.

Los padres cristianos podemos llegar a pensar que nuestros hijos serán tan devotos o más devotos que nosotros por el mero hecho de que nosotros somos cristianos practicantes. Este es uno de los engaños más grandes que se nos pueda hacer. No podemos reemplazar la persistencia incansable en la oración ni la práctica entusiasta de la fe por parte de los padres. Esto implica que hay que buscar el tiempo para orar, pues la oración demanda tiempo. En nuestras rutinas diarias es tan difícil hacer espacio para la oración. Hemos considerado tantas otras cosas importantes en nuestra vida que nos encontramos sin tiempo para la oración. ¡Alerta, padre! porque tu deseo de hacer de la carrera lo más importante en la vida pierdas lo que es más valioso, a saber, tus propios hijos.

¿Qué gran ganancia tendrías si después de realizar tus ambiciones pierdes a tus hijos? Esa sería en verdad una ganancia pobre y pálida. Esto debes considerarlo muy seriamente por causa de ti mismo y de los tuyos, cuyo futuro debes considerarlo como de graves proporciones.

Sinceramente, Tu amigo."

De verdad que tales consideraciones me hicieron sentir incómodo, pero he tenido que tomarlas muy en serio. En el análisis final, aunque me sentí mal tuve que llegar a la conclusión de que las reflexiones hechas venían bien intencionadas y motivadas por el amor de quien me las hacía.

Para Santidad (6:11-18)

Las consideraciones que el apóstol Pablo hace a la iglesia en Corinto se escriben con gran sentimiento y motivadas por el amor que Pablo tiene por esa iglesia para la cual busca la perfección de la santidad.

"Pablo explica su franqueza" (vv. 11-13). Les ha hablado con fervor y vehemencia descargando sus sentimientos. Ahora hace una pausa para dirigirse a los corintios por nombre. Esto significa que los amaba y que se sentía cerca de ellos expresándoles afecto aun por medio de las exhortaciones. En esto resulta verdad lo que el Señor Jesús dijo que de la abundancia del corazón habla la boca.

Los corintios eran muy importantes para Pablo. Su corazón no se estrechaba ni se cerraba para no amarlos por lo que estaba sucediendo. Las sospechas o los malos entendidos no tenían lugar en relación con los corintios. Pablo sentía todo lo contrario. Los corintios sí limitaban su afecto dando oídas a falsedades con relación al apóstol y a su ministerio. Ellos habían permitido que un poco de malicia se posesionara de sus sentimientos. Las calumnias y las sospechas que los enemigos e impostores habían levantado eran aceptadas por los corintios. Esa era la razón del resfrío de su amor y aprecio por el apóstol. El amor no correspondido causa dolor. El apóstol los invita para que ellos también abran su corazón y permitan que el amor les inunde la vida. Con ruegos les pide que le amen y que la confianza y franqueza sean restituidas entre ellos. Pablo les ruega como lo haría un padre con sus hijos para que ellos sean afectuosos y justos en sus acciones. Por ellos él hizo grandes sacrificios y los amó como a hijos espirituales. Todo lo cual explica este apasionado llamamiento. El apóstol ahora empieza a analizar en lo que pudo haber causado que los corintios no fueran tan cariñosos con él. Esto es lo que presenta ahora en los versículos restantes de este capítulo. La preocupación es que ellos no se han dado cuenta del estilo de vida que deben practicar y todavía están practicando las formas idolátricas de la vida anterior.

"No os unáis en yugo desigual con los incrédulos" (v. 14). Pablo cambia de tono para hacer una advertencia solemne. Esta idea viene del Antiguo Testamento: "No ararás con buey y con asno juntamente" (Dt. 22:10). Los seguidores de Cristo no deben mantener alianzas de intimidad con los que han rechazado a Cristo y están a la vez aliados con el mundo inconverso. Hay que entender que el apóstol no pide que se rompan las relaciones con los de afuera (1 Co. 5:9, 10; 7:12, 13; 10:27), pues si así fuera habría que salir del mundo. El creyente tiene que observar una conducta diferente sin comprometer su integridad de carácter y lo sagrado de la vida cristiana. La advertencia no se refiere primordialmente al casamiento con inconversos, aunque el principio sí es aplicable a tal circunstancia también. Esto está enfocado hacia la calidad de vida que no permite relaciones que rompan los más nobles principios que deben encarnarse por los que han aceptado a Cristo como Salvador y Señor de sus vidas. Sucede que tales intimidades con los incrédulos pueden ablandar nuestra voluntad y comprometer nuestro testimonio secularizando nuestros valores y anulando nuestro testimonio de la verdad.

Esto queda bien establecido por los dualismos que el apóstol menciona. Las cuatro preguntas retóricas que hace demandan una respuesta negativa. Estas preguntas a su vez presentan los contrastes substanciales entre el creyente y el incrédulo. El creyente tiene que decidirse porque no puede quedar neutral. Su lealtad tiene que definirse porque no puede pertenecer a los dos campos. Un compañerismo de intimidad con los idólatras nos separará de Dios.

Los creyentes son el templo del Dios creador que hizo todas las cosas. Dios habita en medio de nosotros, pues es un Dios vivo, y nosotros le pertenecemos. Por eso Pablo les suplica que se separen del mundo idólatra para que se realice en ellos el ser el pueblo del Señor. Deben entender que aunque viven en este mundo, aunque trabajan y hacen otras cosas comunes a la vida humana de la cual todos participan, con todo su vida pertenece a otro campo; no son del mundo. Su estilo de vida resulta en la compañía de Dios que es infinitamente superior a todo lo que el mundo ofrece, lo cual es una compensación más que satisfactoria.

La motivación de su naturaleza de vida y de la bella comunión con Dios y con la iglesia debe ayudarles a evitar enredarse en acciones que ofendan la santa dignidad de su relación con Dios.

"Así que, amados, puesto que tenemos tales promesas" (v. 7:1). Pablo cierra estas advertencias que ha hecho de una manera tierna dejando en claro que su amor por ellos no ha menguado. Positivamente les pide que consideren las promesas divinas. Por el peso de tales promesas deben mantener su conducta moral limpia. Lo que no esté limpio debe limpiarse por el poder de Dios. La renuncia a todos los aspectos de la vida anterior debe ser completa y con determinación firme. Negativamente el creyente debe abandonar toda acción equivocada y dedicar su vida a la realización de pensamientos y deseos que contribuyan al testimonio fiel.

Los términos carne y espíritu aquí no tienen la carga teológica que tienen en Romanos o en Gálatas. Aquí significan todos los aspectos de la vida humana. Cualquier cosa que pueda comprometer la unidad de la devoción y lealtad del creyente debe ser evitada. La limpieza de toda impureza no la logra el creyente por voluntad propia sino por el poder de Dios. El creyente, sin embargo, somete su vida para que Dios la limpie.

El significado de esto es que la perfección es una meta de la vida cristiana que no se logra en esta vida. La idea de la acción continua está presente. Esto podría decirse de la siguiente manera: Somos limpios por completo cuando en las ocasiones que la vida nos presente evitamos toda maldad en todos los aspectos de nuestra vida. Así, el alcanzar la meta es una actividad que continuará a través de toda la vida. La santidad es el resultado de una calidad de vida moral que viene de la reconciliación operada por Dios en la vida del hombre pecador.

La santidad que se va perfeccionando subraya el progreso que se realiza cuando nos acercamos a la semejanza de Cristo. Por la reverencia que debemos hacia Dios hemos de recordar que la santidad es el programa diario de nuestro vivir práctico. Debemos esforzarnos en llegar a ser lo que ya somos en Cristo. Las cargas morales de la vida cristiana se determinan por nuestro concepto de Dios y por la resolución voluntaria de nuestro sometimiento a su voluntad.

Pablo en su llamamiento al amor en santidad ha indicado que él ama a los corintios y que ve ciertos peligros y fallas que impiden que ellos puedan corresponder a su amor. Les recuerda que no es posible vivir entre dos aguas o con doble lealtad, una para el mundo idólatra y otra para el Señor. Les invita, entonces, a vivir con integridad de conducta en la profundidad de una relación fundamentada en Cristo. Tal elevada conducta corresponde a nuestro concepto de un Dios vivo y santo que nos ama y quien no nos comparte con el mundo. El nos quiere sólo para él.

Para Arrepentimiento (7:2-12)

El apóstol comienza con un llamamiento al amor. Les ruega que abran su corazón para que tengan afecto hacia él. Pablo les recuerda que no ha engañado a nadie, que a nadie ha pervertido y que de nadie ha tomado ventaja. No quiere condenarlos con lo que les dice, porque sabe que ellos no fueron la fuente de las calumnias contra el apóstol. El deseo no es acusarles sino extender puentes de entendimiento y amor. Siente tan fuertemente el afecto que ni la vida ni la muerte pueden apagarlo. El tiene gran confianza en ellos; son su orgullo más grande. Su amistad en el Señor es la fuente de su consolación. Esta consolación ha producido un gozo tan grande que ha sobrepasado todo el dolor anterior. Por la consolación recibida todos los temores interiores y de conjunto se disiparon. La consolación tuvo lugar con la venida de Tito y las noticias que traía para el apóstol. Tito había llegado con un regocijo contagioso. El había experimentado mucho amor y consolación cuando estuvo en Corinto. Le afirmó a Pablo que la iglesia lo quería y que al saber de las inquietudes de Pablo se habían puesto a llorar por la pena causada. El interés de ellos por él era genuino, y esto fue un ungüento que curó las dudas y cambió el estado emotivo de todo el grupo produciendo mucho gozo.

"Porque aunque os contristé con la carta" (v. 8). La intención de

Pablo no era causar dolor a manera de venganza. Pablo aquí presenta la necesidad que tuvo de llamarles la atención a asuntos que demandaban su consideración.

El doctor que atendía a la niña de la secretaria de mi iglesia notó que la cabeza de esa niña de nueve meses era demasiado grande. Sometieron a la niña a varios exámenes de laboratorio y encontraron un quiste en la cabecita de la niña. Dos neurólogos la examinaron y concluyeron que era necesaria una operación para corregir esta deficiencia en el desarrollo de la niña. Los padres tuvieron que encarar la decisión de la operación. Era terrible el dolor de estos jóvenes padres al darse cuenta de la enfermedad de su niña. Operar o no operar era su dilema. Al fin se decidieron a seguir las indicaciones de varios médicos. No se puede decir que estuvieron felices al hacer su decisión, pero en vista de las circunstancias era la única salida de mayor esperanza. En la decisión iba la resolución de que se realizara la cirugía.

Lo mismo pasó con Pablo y la iglesia de Corinto. Una cirugía era necesaria aunque no era lo más fácil de hacer ni de sufrir. A la larga eso era lo que más convenía. Por eso Pablo no siente pesar de haber dicho lo que tenía que decir. De momento hubo un sentimiento de culpa en él. Lo mismo que los padres ya mencionados, por algún tiempo pensó apesadumbrado si habría hecho la mejor decisión al escribirles como lo había hecho.

La carta había surtido un efecto penoso. Fue similar al padre que tiene que disciplinar o verse en la necesidad de decidir por la cirugía para su hijo, lo cual de momento es doloroso, pero con buenos efectos al final. Pablo ya no lo lamenta. Se produjo el dolor que los guió al arrepentimiento.

"Me gozo" (v. 9). El fruto de la tristeza era realmente saludable y por eso el apóstol se siente satisfecho. La tristeza los guió al arrepentimiento. El dolor que ellos sentían era una tristeza como la que Dios quiere. Dios les permitía sufrir para que por el sufrimiento sintieran la necesidad de poner bien sus asuntos con Dios y con los hermanos. Dios no les había causado el dolor. El interés del apóstol en ellos y su deseo de instruirlos con admonición les había causado esa pena. Pero esa era la manera y la voluntad divina para que el sufrimiento produjera el arrepentimiento necesario, de ninguna manera era para que el apóstol se vengara y así les causara algún mal.

"La tristeza que es según Dios" (v. 10). Esta es la tristeza que efectúa el arrepentimiento, el cual es para salvación. De este arrepentimiento Pablo no se lamentaba. El se lamentó de tener que escribirles severamente y de causarles tristeza. Pero Pablo no se lamenta de los resultados saludables que esa tristeza obró en los corintios. El arrepentimiento no produce la salvación. Por el fruto que produce se debe entender el arrepentimiento como un signo de la gracia de Dios. La tristeza producida con otros resultados produce muerte. Esaú nos ayuda a entender lo que Pablo desea explicar. Esaú lloró amargamente la pérdida de su primogenitura pero ese dolor no obró para arrepentimiento. David también sufrió por el pecado de adulterio y por el homicidio, pero su dolor lo llevó a un estado de penitencia delante de Dios. David aceptó su culpabilidad y solicitó humildemente el perdón divino. Este era el dolor que obraba para salvación. Judas también sintió el dolor según el mundo y lo que obró en él fue la determinación de suicidio. Para quienes experimentan el dolor del mundo será el lloro y el crujir de dientes. El pecado siempre trae dolor. El dolor que nos guía al arrepentimiento se centra en Dios y en Su santidad. Tal dolor, una vez que se obtiene el perdón, nos permite gozar nuevamente de la alegría de la salvación muy a la manera de la petición de David. La manera como ellos reaccionaron es indicativa de que eran verdaderamente creyentes en Cristo.

"En todo os habéis mostrado limpios en el asunto" (v. 11). El dolor de la ofensa hecha causó en los corintios una reacción favorable. El cambio en la actitud de ellos era notable. Ellos tuvieron el cuidado de poner todas las cosas en orden. Se preocuparon al punto que estuvieron indignados con ellos mismos. El dolor causado al apóstol los alarmó. Les surgió el celo por el honor del apóstol. Se alejaron de quienes estaban desacreditándole y estuvieron listos a restaurar su autoridad. Se movilizaron para disciplinar al que se había atrevido a ofenderlo. Por todo lo que habían hecho, el apóstol los absuelve de cualquier responsabilidad de culpa. El apóstol sabía que otros habían aprovechado para perturbar la paz y armonía entre la iglesia y su fundador. Así supo que eran obedientes y sumisos a las observaciones que les había presentado. La culpa era de los que maliciosamente se habían metido entre ellos para contrarrestar la influencia de Pablo. Ahora ya todo quedaba corregido.

"Aunque os escribí" (v. 12). Pablo escribió con una tercera alternativa en mente. No escribió a causa de quien cometió el agravio, ni de quien sufrió el agravio, que en este caso es el apóstol mismo. La tercera alternativa, la cual es más importante, tiene que ver con el crecimiento de los corintios en carácter y bondad hacia el apóstol. Pablo no quería tanto que se disciplinara al ofensor, ni sacarse una espina por la ofensa recibida, sino que se demostrara el verdadero espíritu cristiano en la iglesia demostrando misericordia. Sería difícil imaginar una manera más delicada para expresar la gratitud que él sentía por la obediencia demostrada en respuesta a la carta que les había enviado. El arrepentimiento sincero que produce los frutos del Espíritu Santo siempre creará gozo, aunque el proceso haya sido doloroso. Pablo se sintió preocupado por el bienestar espiritual de ellos y por eso no vaciló en enviarles la carta que les causó dolor a ellos y también a él mismo. Pero Dios usó ese sufrimiento dando como resultado el arrepentimiento que les devolvió el gozo de la salvación, y que les impulsó a rectificar su relación con el apóstol. Todo esto hizo que Pablo se sintiera muy feliz y grato al Señor. Cuando hemos pecado es imperioso el arrepentimiento para que por la obtención del perdón experimentemos el gozo producido por la salvación.

Para Consolación (7:13-16)

Después de hacer una pausa para explicar el dolor envuelto en todo este incidente, Pablo continúa con el pensamiento interrumpido que inició en el versículo 6. El consuelo gozoso que Pablo experimenta fue ennoblecido por el deleite al saber del buen efecto de la visita de Tito a los corintios. Esa visita fue un verdadero refrigerio espiritual para el apóstol. Sin duda que Pablo había hablado muy bien de los corintios con sus compañeros de misión. Esa fue una de esas ocasiones en las cuales se dice lo que se espera que sea verdad y luego se agoniza de que lo dicho salga verdad. La experiencia de la visita le causó a Tito mucho gozo, por la respuesta obtenida de los corintios que demostraban amor y lealtad al apóstol, y luego también porque las anticipaciones y confianza del apóstol habían sido confirmadas. Pablo participa del gozo de Tito y con él celebra que sus predicciones de los corintios salieran verdaderas.

"No he sido avergonzado" (v. 14). Sin duda que Pablo había estado comentando con Tito de la docilidad y buena disposición de los hermanos en Corinto. Cuando aquello tuvo que ser probado en el campo de la realidades humanas los corintios salieron bien de la prueba confirmando lo que Pablo decía de ellos. Hay mucho de verdad en lo que se afirma que la gente se comporta como uno lo espera. La fe de Pablo en ellos los dispuso muy bien hacia él. Esto para nada niega que el Espíritu Santo estaba obrando tanto en Pablo como en los corintios. El armarnos del espíritu de amor y tratar a los hermanos con cariño paga grandes dividendos en la vida de los ministros, ya sean pastores o diáconos o en cualquier otra clase de liderazgo en que se esté. Esto, entre otras cosas, es en sí una afirmación de la seguridad que tenemos de que Dios está obrando en su iglesia aun cuando las cosas de momento no parezcan tener color de rosa.

Este incidente le sirve a Pablo para afirmar la veracidad de todo lo que ha dicho. Con esto los prepara para que en el futuro no tengan ninguna duda de Pablo ni de los verdaderos siervos del Señor. Así quiere prevenirlos de volver a ser víctimas de charlatanes engañadores que vendrían a trastornar su fe. Es admirable cómo Pablo sembró ejerció, cultivó y finalmente cosechó amor. Nunca se desesperó de ellos. Sus comentarios estuvieron llenos de los más altos conceptos que pudieran tenerse y que a veces no parecían tener asidero en lo que los demás veían en los corintios. Pablo no tenía su confianza puesta en el hombre sino en Dios que cambia los corazones. Y por esto Pablo sigue más dispuesto que nunca a pensar lo mejor de ellos.

"Su cariño para con vosotros es aun más abundante" (v. 15). La consecuencia del respeto, admiración y cariño de Pablo por la iglesia había causado que Tito, al llegar a la iglesia de Corinto, se acercara con confianza y mucho amor. Esto hizo que la iglesia a su vez tuviera una actitud de altura espiritual y que tratara todos los asuntos en esa altura. Cuando Tito concluyó todos sus asuntos en Corinto y tuvo que despedirse de ellos, hubo tal disposición de cariño que Tito no pudo menos que sentirse conmovido y expresarles a ellos y a Pablo cómo su cariño para con los corintios había crecido en el proceso. Ahora Pablo les ratifica que lo que Tito les afirmó mientras que estuvo entre ellos, quedaba pálido en contraste al cariño que realmente les tenía. Los corintios tenían en Tito un excelente amigo que nunca dejaría de amarlos. Cada vez habría más cariño en Tito al recordarse de su actitud obediente y sincera al recibirlo como emisario autorizado de Pablo.

El temor y el temblor de parte de la iglesia se debía a la convicción de que las relaciones no andaban bien entre ellos y el apóstol. Pero al llegar Tito con tan buen espíritu, calmó sus temores de tensión y disgusto y transformó el ambiente en reconciliación y cordialidad hacia él y hacia el apóstol. Tito aquí se presentó como un verdadero embajador de paz. En los momentos de crisis necesitamos los embajadores de paz. Hay necesidad de personas que sepan tratar las diferencias con nobleza de espíritu y con convicción de respeto y aprecio por todos. Hoy este ministerio se hace necesario y urgente en medio del pueblo de Dios.

"Me gozo de que en todo tengo confianza en vosotros" (v. 16). La afectuosa recepción con la que los corintios había tratado a Tito, junto con su respuesta de obediencia a su carta, confirmó en Pablo la validez de su confianza, respeto y amor por los corintios. El gozo de ver lo bien que van las cosas en Corinto, le anima a mirar el futuro con optimismo respecto a otras cosas que desea pedirles. Por una parte desea que participen generosamente en la ofrenda para los santos en Jerusalén y después que oigan acerca del verdadero carácter de los falsos maestros quienes les han estado causando perturbaciones. De parte de Pablo la reconciliación ya se realizó mostrándoles con toda sinceridad todos los aspectos de su relación con ellos. Ya les había ampliado los motivos que habían inspirado su ministerio en Corinto y ahora termina acentuando el gran amor que siente por toda la iglesia de los corintios.

Conclusión

El amor de Pablo está cultivado en medio del pueblo de Dios para una vida de santidad. La calidad del testimonio del creyente debe dejarse ver en todas las relaciones de su vida. El afecto de Pablo se deja ver en que aunque les ha causado dolor por su carta ese dolor les ha guiado a poner todas las cosas en orden. El dolor les produjo arrepentimiento que les guió al buen establecimiento de sus relaciones con el apóstol. Esto dio como resultado que Pablo fuera grandemente consolado y que su gozo por esa iglesia creciera grandemente.

Lecciones para la Vida de 2 Corintios 6:11—7:16

El llamado a amar reclama un testimonio limpio.—El amar no se da en un vacío moral. El creyente es un agente activo de la voluntad de Dios. La voluntad de Dios y no lo que impone la sociedad se constituye en el valor último en la vida del creyente.

Somos amados para vivir en santidad.—Hay ciertas desventajas sociales en seguir a Cristo. La vida de Cristo en el creyente impone ciertas diferencias que pueden causar malestar. Hay cierto costo en encarnar los ideales cristianos. Dios quiere que estemos separados para El como testimonio para los que no conocen.

El dolor que nos lleva al arrepentimiento es saludable.—Si hay cosas que nos separan como hermanos y que perturban nuestro compañerismo con Dios debemos sentirnos mal, y buscar remediar esa situación por medio del arrepentimiento. El verdadero arrepentimiento produce el gozo de la salvación en nuestras vidas.

El respeto y consideración por otros nos eleva espiritualmente.—El corazón desconfiado sólo crea desconfianza y mala voluntad. El pueblo de Dios está llamado a mirar y a tratar a los demás como el pueblo especial que son delante de Dios. Si sembramos amor cosecharemos amor; no nos cansemos, pues, de sembrar amor.

Nuestra conducta predica.—Vivir de acuerdo con los patrones sociales es indicativo de que los valores cristianos no nos importan. El obrar como obran los demás, sea en la relación matrimonial como en el trabajo o en las diversiones señala que nos identificamos del todo con ellos en todo lo que hacen. Hoy Dios nos invita a predicar con nuestra conducta que debe ser un libro abierto de lo que Cristo ha hecho por nosotros.

Actividades de Aprendizaje Personal

Escriba VERDAD o FALSO

1. _____ Pablo no podía abrir su corazón con los corintios porque no podía confiar en ellos.

2. _____ Pablo anima a los corintios para que abran su corazón en afecto y confianza para con él.

3. _____ Pablo advertía sólo a los jóvenes para que no se casaran con inconversos.

Escoja la mejor respuesta.

4. El no unirse en yugo desigual significa:
   a. que el creyente debe juntarse y tener relaciones sociales sólo con los creyentes.
   b. que el creyente que vive en el mundo no es del mundo ni se conforma al mundo en su manera de vivir.
   c. sólo tenía que ver con las técnicas de cultivo para las cuales el Antiguo Testamento advertía de no poner en yugo a un buey con un asno.

5. El dolor que es según Dios:
   a. indica que a Dios le gusta hacernos sufrir para que así páguemos por nuestros pecados.
   b. quiere decir que si va a haber arrepentimiento tenemos que sufrir para poder merecer la gracia divina.
   c. quiere decir que Dios usa el dolor para que dejemos el pecado y arreglemos nuestros asuntos con Dios y con nuestro prójimo.

6. Pablo escribió por causa de _____
   a. el que cometió el agravio.
   b. el agraviado.
   c. la solicitud de Pablo para con los corintios.

7. Después de la carta de Pablo su amor fue _____
   a. menor.
   b. mayor.
   c. igual que antes.

Respuestas:
1. Falso; 2. Verdad; 3. Falso; 4. (b); 5. (c); 6. (c); 7. (b)

CAPITULO 6

2 CORINTIOS 8:1—9:15
La Gracia de Dar

Pablo enseña con convicción que la experiencia personal de la gracia de Dios en la vida del creyente produce crecimiento en la gracia de dar. Presenta los principios de dar los cuales incluyen la generosidad, la alegría, la abundancia y el enriquecimiento personal. Queda claro que cuando se rinde la vida a Cristo en la experiencia salvadora se entrega la totalidad de la vida a El. Los bienes materiales son considerados parte de la vida. La abundancia de la generosidad debe corresponder a la abundancia de la gracia recibida y es a la vez producida por la gracia de Dios. Los cristianos en Corinto habían tenido problemas en relación con los dones de la gracia de Dios. Pablo se apresura a dejar en claro que el dar generosamente es la manifestación de la acción de la gracia en la vida del creyente.

En Profunda Pobreza (8:1-7)

Tuve el privilegio de conocer el evangelio por medio de unos misioneros ingleses. La Cruzada Evangélica Mundial fue organizada en Inglaterra por Charles C. Studd. Sus misioneros tenían que depender de la buena voluntad y generosidad de los fieles que fueran movidos a dar para las misiones. Los misioneros que laboraban bajo tales circunstancias lo hacían bajo severísimas estrecheces económicas. Pero aun así la obra de Dios crecía y bellas congregaciones eran iniciadas por muchos lugares. Algunos jóvenes respondimos al llamado de Dios viendo el ejemplo y dedicación de esos hermanos que tan abnegadamente servían a la iglesia de Cristo.

Recuerdo que al tiempo de venir a los Estados Unidos con el propósito de prepararme mejor fui a despedirme de uno de ellos, quien había sido mi maestro en el Instituto Bíblico. Le compartí mis planes diciéndole a dónde venía. Me deseó lo mejor y estuvimos orando juntos para que Dios me prosperara en todos mis caminos. Mi gran sorpresa fue cuando al despedirme este generosísimo hermano me ofreció la cantidad equivalente a cincuenta dólares. Yo rehusé tomar el dinero en principio, pues, bien sabía de las inmensas limitaciones de mis hermanos misioneros. Pero me insistió que lo tomase, pues, de momento él no necesitaba ese dinero. Agregó que sentía que era un privilegio participar conmigo de lo que Dios le había dado. "Lo que usted se propone hacer con respecto a su preparación es admirable. Esto que le ofrezco no es nada en comparación con todo lo que usted necesita para pagar por sus estudios, pero Dios lo multiplicará. Dios le suplirá todo lo que le falte conforme a sus riquezas en gloria", dijo mi hermano en Cristo. Luego nos abrazamos y con gran emoción nos despedimos.

Yo no podía rehusar una ofrenda dada con tanto sentimiento y generosidad. ¡Qué tremenda inversión de amor hacía este hermano en mí! Sentí la responsabilidad de usar ese dinero, tan sagrado, para lo que se había dedicado. Yo tendría que prepararme para servir al Señor que proveía anticipadamente para todas mis necesidades. Estoy seguro que de la inmensa pobreza este hermano tuvo para compartir conmigo, a manera de privilegio, lo que Dios le había dado. El gozo y gratitud en mi corazón debieron también manifestarse en la vida de ese hermano en Cristo.

A esta experiencia debo añadir que desde mi educación secundaria hubo personas generosas cuyos nombres no conozco que enviaban dinero para que yo pudiera estudiar y servir en una pequeña misión en el sur de Bogotá. El misionero Dr. H. Schweinsberg, un gran hombre de Dios, quien apoyaba a los jóvenes que tenían promesa para el futuro, conseguía los fondos necesarios. Gracias a estos hermanos bautistas del sur se hizo posible mi educación. Hay una inmensa gratitud en mi corazón por el amor a la obra del Señor que impulsó a muchos a dar para que mis necesidades fueran satisfechas. A los bautistas del sur les debo todo el costo de mi educación teológica. Estas inversiones hechas en mi vida me inspiran a servir a mi glorioso Señor dentro de la denominación que tanto me ha dado.

"Asimismo, hermanos". Pablo ha preparado la iglesia para dos asuntos más que desea tratar con ellos. Uno es la ofrenda para los santos de Jerusalén (vv. 8, 9) y el otro es darles a conocer el verdadero carácter de los falsos maestros que le estaban causando tantos males dentro de la iglesia (vv. 10-13). Lo de la ofrenda, Pablo lo trataba más o menos un año después de su mención en 1 Corintios 16:1-4. En aquella ocasión les había indicado cómo reunir y enviar el dinero. Después de eso se presentó la tensión entre él y la iglesia y el interés inicial en relación con la ofrenda se había perdido. La restauración de las relaciones hizo que aquella necesidad se presentara de nuevo a los corintios. Pablo no ordena sino que apela a los mejores sentimientos de los corintios para que ellos participen en una acción tan noble como la de ayudar a hermanos en necesidad.

"La gracia de Dios". Pablo empieza a mencionar la razón por la cual las iglesias de Macedonia han podido hacer el gran esfuerzo que de parte de ellos se observa. No han logrado nada en base de alguna virtud personal o a causa de alguna cualidad de carácter superior que ellos tengan. La fuente de su generosidad era la gracia de Dios obrando en ellos. No es que Pablo cuestione la validez de los recursos humanos. Fue el privilegio de los macedonios responder a la necesidad de los santos de Jerusalén como lo hicieron por la gracia de Dios. Esta es la misma gracia que está disponible para los corintios al responder a la misma necesidad. Tres eran las iglesias de Macedonia, la de Filipos, la de Berea y la de Tesalónica.

La ayuda era para los hermanos necesitados en Jerusalén. Hubo varias ocasiones en que ellos se vieron en necesidad. En los primeros capítulos de los Hechos encontramos que los hermanos con más recursos asistieron a los más pobres vendiendo sus posesiones y repartiendo las entradas entre los necesitados. La segunda ocasión se menciona en Hechos 11:27-29 y Gálatas 2:10. La pobreza de los cristianos en Jerusalén se debió a que se desligaron de sus familiares. La sociedad también los rechazó y religiosamente ya no tenían cabida en el templo. Por estar destituidos, Pablo llamó la atención a las iglesias gentiles para que compartieran con sus hermanos en Jerusalén. En la primera carta Pablo les mencionó el asunto a los corintios, pero por causa de las tensiones que tuvieron que resolver, el asunto de la ofrenda había quedado de lado. Ahora Pablo lo menciona de nuevo, pues considera que este es el momento apropiado para recordarles de su privilegio de ayudar. Aun en este asunto se puede ver la implicación de la mala influencia de los falsos maestros quienes habían logrado suspender aquel esfuerzo a fin de que ellos dispusieran de los fondos. Además usaron la ocasión para atacar la integridad del apóstol acusándolo de que sus motivos no eran limpios.

"Que en grande prueba de tribulación" (v. 2). Pablo conocía bien lo que estaba sucediendo en las iglesias de Macedonia. Desde ese territorio Pablo les está escribiendo. No hay el menor indicio que indique que Pablo exageraba la situación de los hermanos de Macedonia. No sabemos nada en cuanto a las circunstancias que produjeron tal apremio. Esto, sin embargo, no era lo único que caracterizaba sus vidas en ese momento. Tenían abundancia de gozo y de pobreza. Estos elementos no parecen tener nada que ver el uno con el otro. Nuestra tendencia es que si somos pobres no podemos estar gozosos. La combinación de gozo y de pobreza creó en los macedonios un sorprendente espíritu de generosidad. Atribulados, gozosos y generosos encontraron la feliz oportunidad de abundar en riqueza de amor que a nadie empobrece. En este espíritu obraban como Cristo lo hubiera hecho en semejantes circunstancias.

"Aun más allá de sus fuerzas" (v. 3). Si alguien da conforme a sus posibilidades, merece la admiración de todos por responder a una emergencia en la cual se hace lo que se puede. Los macedonios no se conformaron con lo que permitían sus medios económicos. Sin considerar los riesgos de sus acciones, dieron lo que ellos mismos necesitaban para su sostenimiento y el de sus hijos. Lo admirable es que su acción no procedía de ninguna presión que se les hubiera aplicado, ni de manipulaciones artificiosas, sino de la buena voluntad con que su corazón los movía.

"Pidiéndonos con muchos ruegos" (v. 4). Lo que habían oído de la situación en Jerusalén los había conmovido de tal manera que, aunque Pablo les decía que ellos ya habían hecho su parte, los macedonios no se sintieron satisfechos. Y con súplicas le pedían a Pablo que aceptase lo que le daban para aliviar la necesidad de los santos en Jerusalén. Esto lo hicieron por iniciativa propia. Si los santos sufrían en Jerusalén los macedonios consideraban un privilegio ser partícipes de sus sufrimientos. Después de todo querían enviarles un mensaje de que los amaban y que no los dejarían solos en su dolor y necesidad. Es verdad que tenían grandes aprietos, pero la hora de mostrar amor había llegado y su compasión se hizo manifiesta. En los hermanos de Jerusalén vieron un servicio rendido a Cristo mismo y por eso lo consideraron un privilegio.

"Y no como lo esperábamos" (v. 5). La solicitud de los macedonios superó las expectativas de Pablo y de su compañía. La única manera de explicar la extravagante generosidad de los macedonios sólo puede explicarse en base y razón de su íntima y sincera devoción al Señor Jesucristo. Si Cristo los había amado hasta la muerte entonces todo lo que ellos eran y poseían le pertenecía a Cristo. Lo que ofrendaban no era sino entregarle a Cristo lo que era Suyo. Era una especie de pago de la deuda de amor que tenían con Cristo. Sin entrega personal no se puede dar con alegría. El dar es señal de fidelidad y entrega al señorío de Cristo. Pablo interpreta que la actitud de los macedonios no ha sido una manifestación superficial sino que ha procedido por el querer de Dios mismo. Dios ha honrado tal entrega y ha puesto en el corazón de ellos hacer ofrendas sacrificiales como sacrificios de olor suave. Todo, por lo tanto, corresponde a un acto de reconocimiento y entrega a la soberanía de Dios.

"Exhortamos a Tito para que tal como comenzó" (v. 6). Después de demostrar la generosidad y dedicación amorosa de los macedonios, Pablo ahora dirige su atención hacia lo que los corintios deben hacer. Los corintios estaban relativamente en mejores condiciones que los macedonios. El gran sacrificio y liberalidad de los macedonios debía ser un gran incentivo para hacer tanto o mejor que ellos. Por eso Pablo envía a Tito para continuar con el trabajo que ya estaba comenzado, especialmente por su reciente viaje de reconciliación. El acercamiento como hermanos en Cristo era una manifestación de la gracia del Espíritu Santo en medio de ellos. Ahora, como una manifestación de mayor gracia habría una respuesta de mucho amor compasivo y de generosidad para sus hermanos que padecían tanta necesidad en Jerusalén. Pablo les recuerda que ellos habían sido instruidos a juntar tanto como pudieran cada primer día de la semana (1 Co. 16:2). Se asume que los corintios han seguido trayendo sus donativos, a pesar de las tensiones que habían experimentado. Pablo quiere que la iglesia termine de demostrar los resultados de la gracia de Dios por medio de su generosidad.

La liberalidad es también una gracia del Señor. Es un regalo de Dios. Por lo tanto, como todas las demás gracias, debe ser cultivada y desarrollada por medio de la prácitca. Cada creyente debe desarrollar este don a la extensión total de sus capacidades. El entusiasmo de algunos es contagioso y hará que otros se animen. Debemos recordar que cuando las tensiones y problemas surgen entre los hermanos, hay proyectos que sufren y lo que es primario es relegado como asunto secundario. En nuestros días debemos tener mucho cuidado para que nuestras diferencias no enfríen lo que es más importante como son el evangelizar y las misiones. Siempre hay maneras de solucionar nuestras diferencias y seguir haciendo lo que es primario.

"Abundad también en esta gracia" (v. 7). Los corintios eran ricos en otros dones espirituales. Entre ellos estaba el amor por Pablo, como su reciente conducta lo había demostrado. Dios no había privado a los corintios de ningún bien espiritual, sino que les había dotado de abundancia de dones. Por esa evidencia Pablo les ruega abundar también en esa ofrenda. Si ellos fallaban en este aspecto se falsificaría la afirmación de que ellos eran ricos en todos los dones. Una manera más gentil de promover la generosidad es difícil de encontrar.

Las características de este don de gracia son la sensibilidad hacia las necesidades de otros y la prontitud con la cual nos apresuramos a suplirlas con gozo, sacrificio, espontaneidad y entrega personal al Señor. Este fue el ejemplo elocuente de los macedonios para todo el pueblo cristiano.

En Acción Enriquecedora (8:8-24)

"No hablo como quien manda" (v. 8). Ni Pablo con toda su autoridad como apóstol se atrevía a ordenarle a la iglesia lo que debía nacer de un corazón agradecido por el privilegio de ayudar a otros en necesidad. La iglesia quedó en libertad de hacer como a ella le pareciera. El amor genuino que se demuestra en liberalidad no puede ser el producto de esfuerzos impuestos desde afuera. Esta ocasión se presta para que ellos, movidos por amor, se solidaricen con el pueblo cristiano sufriente en Jerusalén. Es el espíritu devoto y de sincera generosidad lo que importa y por el cual sólo Dios mide y pesa el acto de dar. No es cuánto damos sino el amor expresado del cual la ofrenda es sólo un símbolo, lo que realmente cuenta.

"Conocéis la gracia de nuestro Señor Jesucristo" (v. 9). Esta gracia será el incentivo supremo para los corintios. Esta gracia es más sublime que el ejemplo de los macedonios. Cristo, quien se dio a sí mismo, quien se empobreció renunciando a todos sus privilegios de Dios, se ofreció en favor del hombre hundido en su terrible necesidad. Si los corintios en verdad eran cristianos, entenderían la extrordinaria grandeza del amor de Cristo en su favor. La expresión de generosidad y sacrificio al dar se revela como evidencia de la gracia de Dios aplicada a la vida del creyente. El dar sacrificialmente es la mismísima esencia de la gracia divina. Por causa de nosotros Cristo lo entregó todo. Se encarnó haciéndose hombre. Tomó sobre sí mismo la forma de esclavo obediente hasta la muerte, y la muerte más vil, la de la cruz.

"Para que vosotros con su pobreza fueseis enriquecidos". La pobreza referida aquí es la que Cristo experimentó mientras estuvo realizando Su misión terrestre. Cristo, el Creador y dueño de todo, baja de Sus alturas a identificarse con Sus criaturas asumiendo nuestras limitaciones, aun las limitaciones económicas que sin duda fueron parte de Su vida en Nazaret y luego de la comunidad formada con los discípulos. Pero aunque asumió nuestra pobreza no perdió su riqueza. Interior y espiritualmente era rico aunque exteriormente fue pobre. Su deidad estaba escondida en sus riquezas espirituales. Su humanidad exhibía la pobreza terrestre. La riqueza que Cristo ofrece no se podría lograr aparte de su encarnación. Esta es la manera cómo las riquezas de Su gloria son accesibles a los hombres. En el plan salvador, Dios quiso amarnos tanto que envió a Su Hijo unigénito para que todo el que cree reciba de las riquezas de Su gloria, ahora y aquí, como también en la eternidad.

Personalmente puedo testificar que Su gracia ha sido mi gran riqueza. Con esa riqueza Cristo me ha ayudado y me ha hecho partícipe de Su gloria. El es mi Dios y mi Señor. El me ha ayudado a través de toda mi vida y sé que lo ha hecho porque es real y porque su entrada a la historia humana ha traído el milagro maravilloso de Su perdón y restauración para mi vida. Me siento rico en verdad. Nada ni nadie podría haber realizado esto sino sólo el Hijo de Dios en Su encarnación. Por eso lo amo y lo sirvo y le entrego gustoso todo lo que es mi vida para que se consuma en su divina y excelentísima causa de amor hacia todos los hombres. ¡Alabado sea el Señor por siempre!

Ante el nobilísimo ejemplo de Cristo por Su entrega sacrificial, ¿quién se resiste a dar hasta el máximo en respuesta a Su amor? Ciertamente, los corintios encontrarían difícil no dar con la alegría, gozo y sacrificio como lo habían hecho los hermanos de Macedonia.

"En esto doy mi consejo" (v. 10). Su consejo surge porque después de las consideraciones hechas sale sobrando dar órdenes. Los corintios sabían la gran necesidad de los hermanos en Jerusalén. El año anterior habían comenzado a levantar la ofrenda para ayudar a las necesidades de la iglesia en Jerusalén.

"Llevad también a cabo el hacerlo" (v. 11). Pablo les recuerda de su buen comienzo al ser movidos por la compasión para con sus hermanos y desear ser parte de la respuesta a la necesidad que existía. Ahora que ya todo había vuelto a una relación de amor y perdón, entonces era hora de dar atención nuevamente a lo que había quedado inconcluso desde hacía unos cuantos meses atrás. Pablo estimuló a las iglesias de Macedonia a que dieran al presentarles la reacción pronta y entusiasta de los corintios cuando supieron de la aflicción de los hermanos en Jerusalén (2 Co. 9:2-4). Pablo no les sugiere que den más allá de sus fuerzas sino que lo hagan con alegría y buena voluntad.

"Si primero hay la voluntad dispuesta" (v. 12). Su contribución sería de bendición, pues Dios no nos juzga según lo que no tenemos, sino de acuerdo a lo que tenemos. Lo que cuenta no es la cantidad de ofrenda sino el reconocimiento del señorío de Cristo en nuestras vidas. Cuánto damos se determina en parte por lo que se posee, pero la contribución es significativa de acuerdo al reconocimiento de la gracia que Dios nos ha dado.

Aquí el apóstol hace alusión al reconocimiento que Cristo hizo de la ofrenda de la viuda. La cantidad en sí misma era insignificante, pero la confianza y desprendimiento generoso era admirable, pues ella dio todo lo que poseía. Nadie se atrevería a juzgar tal ofrenda como insignificante, cuando la mujer había dado todo su sustento. Dios no nos exige que demos lo que no tenemos. Pero de lo que El nos ha dado, espera que seamos buenos administradores bajo Su señorío de gracia.

"Que haya para otros holgura, y para vosotros estrechez" (v. 13). La contribución no tenía como intención causar pobreza en los corintios. Algunos se disculpaban de que si daban algo quedarían más pobres que los hermanos en Jerusalén. Hay personas que sin considerar la fidelidad de Dios no quieren comprometerse a dar y en el proceso se pierden de las grandes bendiciones de experimentar la fidelidad de Dios en todas las circunstancias de la vida. El principio enunciado aquí es el de la igualdad. Dios nunca exigiría el diezmo ni las ofrendas sólo para empobrecernos a unos y para que otros vivan en afluencia. Esa no es la voluntad de Dios. Dios no se complace en que se pida dinero para vivir en extravagancias mientras que otros viven en grandes estrecheces.

"La abundancia vuestra supla la escasez de ellos" (v. 14). Esta era la hora de los corintios de venir en socorro de los necesitados en Jerusalén. Su abundancia debía suplir la falta de sus hermanos en la fe. Pablo insinúa la posibilidad de que los corintios alguna vez estuvieran en las circunstancias en que ahora se encontraban los de Jerusalén. Entonces verían cómo Dios por medio de los hermanos supliría las necesidades de ellos.

La reciprocidad en tiempos de necesidad corresponde a lo que la iglesia es en sí. La iglesia busca y procura el bienestar de todos los hermanos. Pablo les recuerda que Dios es quien realmente satisface. Les recuerda lo sucedido en el desierto con el maná donde los que recogieron más no tuvieron más que los que recogieron menos. Tanto los unos como los otros fueron saciados. Pablo ve conveniente que Tito regrese y organice todo lo que tiene que ver con el envío de la ofrenda de ellos para los hermanos en Jerusalén. Tito iría como el representante de Pablo mismo. Pablo no desconfía de Tito ni de su integridad pero para tapar las bocas que hablarían necedades contra Tito y contra Pablo, sugiere que se nombre a alguien de la iglesia para que vaya con Tito y con Pablo hasta Jerusalén para que allí se entregue la ofrenda a los necesitados. A la vez eso sería también un gran testimonio a otras iglesias del verdadero amor cristiano en acción compasiva hacia los necesitados. Los principios aquí enunciados son: No se debe permitir ocasión para las sospechas en lo que a finanzas se refiere. Es preferible que el pastor o el líder no meta la mano en el dinero sino que sean otros los que lo administren con el sentir de que es un tesoro sagrado. Finalmente los hombres encargados de tal administración deben ser personas íntegras con altas cualidades morales y espirituales.

El dar con fidelidad y amor compasivo nos enriquece a todos. Somos llamados a ser buenos mayordomos de los bienes que Dios nos ha dado. Tenemos que acudir prontamente al socorro de los que tienen necesidad. El ejemplo que nos inspira es la excelencia de la entrega de Cristo.

En Proporción Espiritual (9:1-15)

Los primeros cinco versículos continúan lo que se ha venido tratando con relación a la ofrenda para los santos en Jerusalén. Pablo ya no quiere decir nada más en cuanto a la naturaleza de dar. Todo lo que deben hacer es acelerar el proceso. No hay ninguna duda en cuanto a la voluntad de los corintios de participar en la ofrenda. A los macedonios Pablo les había contado de la prontitud y solicitud de los corintios cuando supieron los sufrimientos de los hermanos. La respuesta de los corintios había estimulado a muchos a dar. Pablo no quería que después de haber hablado tan bien de los de Acaya a los de Macedonia, sucediera que se encontrara con que los corintios no habían vivido a la altura de su reputación. Así los exhorta a que se pongan en acción. Pablo desea que si algunos macedonios fueran a Corinto hallasen que todo lo que se había dicho de ellos era verdad. Pablo les advierte que ha puesto su confianza en ellos y que no espera ser defraudado. Aunque Pablo está tratando con dinero, éste no es el foco de su mensaje, sino el crecimiento y madurez espiritual de todos.

"El . . . siembra escasamente". La ley de la siembra y la cosecha son directamente proporcionales. El que no da o el que da por motivos equivocados no podrá experimentar las mayores bendiciones, pues Dios bendice al que da de gracia. La generosidad produce generosidad en otros. Si a nuestros hijos les enseñamos mezquindad, no serán generosos con nosotros cuando eso se haga necesario. El que enseña generosidad cosechará generosidad. "Hay quienes reparten, y les es añadido más; y hay quienes retienen más de lo que es justo, pero vienen a pobreza. El alma generosa será prosperada; y el que saciere, el también será saciado" (Pr. 11:24, 25).

"Cada uno dé como propuso en su corazón". (v. 7). Esta es una decisión personal. La actitud interior al dar no debe ser por tristeza ni por necesidad. Quien encuentra gravoso dar y da por lo que otros pueden pensar de él y lo hace con tristeza aunque sabe de la necesidad, no experimentará ningún gran gozo ni bendición al participar de lo que tiene con otros. Para nuestra decisión de dar debemos tener en consideración las bendiciones que Dios nos ha concedido sin merecerlas. La generosidad de Dios y Su fidelidad en seguir dando animan el corazón con gozo y facilitan nuestra generosidad. Dios bendice al dador alegre.

"Poderoso es Dios" (v. 8). Su poder permite que Su gracia abunde en nosotros y que sea suficiente para toda buena obra. No damos porque vamos a recibir más en dinero o en prestigio. Estos no serían motivos cristianos. Damos porque Dios nos concede el privilegio de ser parte de Su gran plan de amor hacia todos y mayormente hacia los necesitados. El que tiene la capacidad de vivir con menos tiene más para otros. ¡Qué alegría es ser bendición para otros! El mezquino es desconfiado de Dios y no podrá gozar esta bendición.

"Repartió, dio a los pobres" (v. 9). Esto es lo que hace el hombre que teme al Señor. Su rectitud será vista por todos y su ejemplo edificará. En el día del juicio, su actitud de fidelidad para con Dios no le permitirá estar avergonzado. Este será uno de los que se sorprenderá que el Señor haya dado tanto crédito a su acción en ese día.

"Da semilla al que siembra, y pan al que come" (v. 10). La promesa tiene doble cumplimiento. Dios no dejará que padezcamos la necesidad de falta de pan. El siempre lo proveerá y viviremos en gran contentamiento. Además Dios nos bendecirá con la oportunidad de crecer espiritualmente en frutos de justicia. No nos cansaremos de hacer el bien el cual a su vez nos llenará de alegría y de satisfacción personal.

"Enriquecidos en todo para toda liberalidad" (v. 11). Este enriquecimiento será una oportunidad para dar a otros que padecen necesidad. Los corazones beneficiados por la generosidad expresarán mucha gratitud a Dios, a Pablo y a los que llevaban la ofrenda.

"La ministración de este servicio" (v. 12). Está aquí implicado un acto sagrado, una obra dedicada a Dios y que se relaciona con el sistema sacrificial. Los sacrificios eran ofrendas sagradas dedicadas a Dios. La ofrenda no era sólo para satisfacer una necesidad material de algunos. Era una ofrenda de olor de suavidad que recuerda lo que el Señor dijera: "en cuanto lo hicisteis a uno de estos mis hermanos más pequeños, a mí lo hicisteis" (Mt. 25:40). Dios es alabado con el bien que hacemos aliviando las necesidades de los hermanos.

"Glorifican a Dios" (v.13). El encarnar las enseñanzas evangélicas magnifica la gloria de Dios. La obediencia y la generosidad son virtudes admirables y necesarias en la vida cristiana. Aunque directamente los cristianos de Jerusalén fueron los beneficiados, todo el cuerpo de Cristo fue bendecido.

"La oración de ellos por vosotros" (v. 14). La recepción de la ofrenda crea en los recipientes un sentido de intenso amor hacia los que ofrendaron. Esto hizo que ellos oraran por los corintios dando gracias a Dios por ellos.

"¡Gracias a Dios por su don inefable!" (v. 15). Pablo no puede contenerse y expresa lo que es un sentimiento profundo y sincero.

Reconoce que Dios es la fuente de todos los favores que resultan como producto de la gracia de Dios que nos enviara al Señor Jesucristo, Su muy amado Hijo, para que muriera y por El nos diera vida eterna. Con esta afirmación de gratitud cierra la plegaria por la ofrenda para los santos en Jerusalén.

Lecciones para la Vida de 2 Corintios 8:1—9:15

La generosidad no empobrece. —Quienes piensan que dar los empobrece, no han aprendido todavía que dar produce riquezas abundantes. No damos lo que no necesitamos. Damos demostrando nuestra buena voluntad ofreciendo lo mejor que podemos dar.

La alegría es el elemento indispensable en la mayordomía. —Quien ofrenda con otra actitud no recibe bendiciones. El espíritu triste neutraliza las promesas de bendición de Dios. El dar por la fuerza también acaba siendo un acto negativo que niega a la persona la alegría de ser instrumento de la gracia de Dios.

Debemos dar considerando la abundancia de la riqueza de Dios. — Quien sólo ve lo que tiene en su bolsa y no cuenta como suyas las riquezas de Dios que están disponibles para nosotros, no podrá desprenderse fácilmente de lo que considera su seguridad financiera. El que da debe tener fe en Dios porque en el análisis final nuestra seguridad financiera está fundamentada en El. Demos sin temor y abundantemente.

Dar es esencial para el crecimiento en la vida cristiana. —Cuando damos con sacrificio nos damos cuenta del valor del más grande de todos los sacrificios. Cristo se dio por nosotros y con Su pobreza hizo disponible toda la riqueza de Su gracia. Nuestas ofrendas nos enseñan que debemos darnos a Dios y a Su causa de todo corazón.

Cuando damos somos instrumentos de la provisión divina y crecemos en afecto dentro de la comunidad cristiana. —No podemos negarnos a ser la mano de Dios que se extiende a quien está en necesidad. El amor de Cristo nos obliga a dar en Su nombre y para Su honra y Su gloria. Así también se aumenta el afecto entre los creyentes. Cuando damos no estamos dando dinero solamente; nos estamos dando a nosotros mismos en un sacrificio agradable a Dios.

Actividades de Aprendizaje Personal

1. Llene los espacios subrayados.

   "En grande _____ de tribulación, la abundancia de su _____ y su profunda _____ abundaron en riquezas de su _____ ." (8:2)

2. Escriba Verdad o Falso según sea la afirmación.

   a. Los corintios fueron inspirados a dar por el ejemplo de las iglesias de Macedonia. _____

   b. Los de Macedonia primero fueron inspirados a dar por el ejemplo de los corintios. _____

   c. El ejemplo de dar por excelencia fue el sacrificio encarnado de nuestro Señor Jesucristo.

   d. Organizar las ofrendas en todos sus aspectos sale sobrando en medio de los creyentes. _____

3. Escoja la mejor respuesta:

   a. Pablo afirma que ya no hay que diezmar.

   b. Pablo dice que debemos ofrendar de acuerdo como Dios nos haya prosperado.

   c. La afirmación es que no hace ninguna diferencia en nuestra vida cristiana cuánto ofrendamos ni con que espíritu lo hacemos.

Respuestas:

1. (ver El texto bíblico); 2. a. Verdad, b. Falso, c. Verdad, d. Falso; 3. (b)

CAPITULO 7

2 CORINTIOS 10:1—11:15

Los Motivos para el Ministerio

Los corintios se hacían la pregunta: ¿Cómo identificar y conocer quién es el verdadero apóstol? A Corinto habían llegado unos visitantes quienes se habían identificado como superiores a los apóstoles. Estos son los "grandes apóstoles" a los cuales hace referencia Pablo en este pasaje. De acuerdo con ellos Pablo no podría ser su líder porque no exhibía las cualidades que ellos demandaban de un líder, a saber: atrevimiento o autoafirmación, jactancia y orgullo, elocuencia de discurso, apariencia personal y finalmente el éxito en su trabajo. En defensa de lo que los "super apóstoles" decían, Pablo dice que lo que importa en el ministerio es la obediencia a Cristo y a Su mensaje en el espíritu de siervo. Pablo ofrece los criterios de juicio para el ministerio así: humildad, gentileza, disposición de servicio, trabajo abnegado, disposición a sufrir si fuere necesario y el genuino interés por todas las iglesias. Pablo demuestra que él ha llenado los criterios establecidos. Pone en claro que la jactancia y el espíritu de servicio son contrarios a la autoridad apostólica. Afirma que su liderazgo y autoridad son el resultado de su entrega voluntaria a seguir el modelo de Cristo en su estilo de vida.

Introducción

En la gesta heroica de la historia independista de los países bolivarianos, Venezuela, Colombia, Ecuador, Perú y Bolivia, se encuentran anécdotas interesantísimas. Entre éstas se halla la siguiente: Cuando el libertador Simón Bolívar iniciaba su campaña de reclutamiento de voluntarios para el ejército independista por los llanos de Venezuela y de Colombia tuvo necesidad de demostrar sus motivos para con los llaneros. Bolívar pertenecía a las familias acomodadas de Caracas, la capital de la capitanía de Venezuela. Su familia le había provisto educación esmerada y de lo mejor. Por la afluencia económica de su familia, Bolívar había podido visitar los Estados Unidos, Francia, España e Italia. Regresó a Venezuela convencido de la necesidad de buscar por todos los medios la independencia de la América Latina. Tenía el equipo intelectual. Conocía de la milicia y de tácticas militares. Tenía la determinación que era necesaria frente a situaciones que ponían la causa independista en condiciones precarias. Después de comprometerse moralmente a la liberación de los pueblos hispanos del nuevo continente, determinó que las personas más adecuadas para la lucha contra los ejércitos realistas españoles sería un ejército formado por llaneros. Al hacerles la invitación para que tomaran las armas contra los españoles, éstos se rieron de Bolívar porque lo consideraron un burócrata que no sabía nada de la dureza de la vida. No confiaban en él. Asumieron que lo que deseaba era gloria a expensas de sus sufrimientos. No lo podían aceptar como su líder ni mucho menos como su jefe supremo.

Bolívar tuvo que preguntarles de qué manera él los podría convencer. Ellos le pidieron que sólo les demostrara que él era capaz de hacer cuando menos lo que ellos hacían. Bolívar aceptó el reto y entró a competir con ellos en carreras de a pie, de a caballo y otras que demostraban su capacidad de ser como uno de ellos. De todos los eventos salió bien. Por último querían ver que tan buen nadador era. En verdad Bolívar no era un gran nadador, pero motivado por el amor a la causa de la independencia quiso que le exigieran más que lo que los llaneros hacían. Les pidió que le amarraran las manos atrás, cosa que hicieron con prontitud. Bolívar se lanzó al río para atravesarlo y arriesgándolo todo se propuso conquistar los corazones de estos hombres aguerridos. Bolívar estuvo a punto de perder la vida, pero no permitió que nadie lo ayudara; él conquistó no sólo el río sino la lealtad y corazón de los llaneros. El amor por la causa que lo llevó a exponer su vida convenció a los llaneros de los motivos de Bolívar. Con gusto lo aceptaron como su jefe supremo. De ahí en adelante lo siguieron sin reservas y miles de los llaneros dieron su vida por amor a la causa motivados por el ejemplo de su general.

Pablo se encontró en una situación análoga, teniendo que demostrarles a los corintios cuáles eran los verdaderos motivos para el ministerio y disipando toda duda en cuanto a la legitimidad de su apostolado.

En Poder Divino (10:1-11)

"Yo Pablo os ruego" (v. 1). El apóstol se vio obligado a tomar la palabra para formular su defensa. Como los falsos apóstoles lo calumniaban y lo desfiguraban, Pablo tuvo que aclarar la situación porque había dentro de la iglesia quienes aceptaban lo que decían los falsos maestros. El no podía quedarse callado sin afirmar el carácter del verdadero apostolado del cual él era parte. En nombre de Cristo señala las cualidades que distinguieron el apostolado: humildad y ternura. Con ellas se muestra que Cristo fue considerado y respetuoso; además era gentil en su trato con todos aun cuando lo maltrataban. Esto provee la confirmación del Cristo presentado en los evangelios. Los acusadores intentaban demostrar que Pablo parecía ser muy osado en sus cartas mientras que en persona era muy humilde. La razón de tal acusación era que los corintios vieran que Pablo no se comportaba como Cristo sino que tenía doble cara. La verdad era que Pablo, en vez de afirmar su autoridad como apóstol, se contentaba con seguir el ejemplo del Maestro al imitar Su humildad y gentileza.

"Ausente soy osado". Pablo no carecía de entereza de carácter, como falsamente se quería hacer creer. Dependía de la obediencia y docilidad de los corintios la manera cómo el apóstol procediera. Pablo podía ser muy firme si fuere necesario.

"Estoy dispuesto a proceder resueltamente" (v. 2). Si la salud de la iglesia estaba en peligro, él haría cuanto se demandare bajo esas circunstancias. Pablo siente que el futuro de la iglesia está en peligro por la influencia de los falsos apóstoles y no puede ser indiferente ante este peligro. No está dispuesto a permitir que el trabajo del Señor Jesucristo sea destruido o corrompido. Pondrá su cara y su firmeza a cualquier circunstancia amenazante motivado por el amor que les tiene. Quienes estaban perturbando la paz de la iglesia y su buen servicio tendrían que vérselas con Pablo personalmente.

"Nos tienen como si anduviésemos según la carne". En todo este pasaje Pablo nos estará informando lo que los falsos maestros decían acerca de él. El va contestando una por una sus acusaciones. Aquí encontramos una en la cual se afirmaba que Pablo se comportaba como lo hacían los que no eran dirigidos por el Espíritu Santo. Se le acusaba a Pablo de actuar como una persona inconversa y a la manera de los que no han sido transformados por el poder de Dios.

"Aunque andamos en la carne" (v. 3). El vivir en el presente estado corporal no quiere decir que nos debemos comportar como si no conociéramos la gracia de Dios. No somos siervos en el estilo mundano y pecaminoso. El decir que Pablo era carnal tenía como propósito desacreditarlo y por contraste mostrar que ellos eran las personas verdaderamente espirituales. Pero Pablo aclara que las armas son de carácter espiritual, no carnal.

"Poderosas en Dios" (v. 4). La tácticas que Pablo quiere usar siempre son las que se basan en el poder de Dios. Sin estas armas no será posible asediar las fortalezas de maldad. Sólo las armas espirituales son divinamente poderosas para destruir los fuertes de maldad. Esta es una admonición para la iglesia y particularmente para sus líderes porque la tentación siempre está presente en el desafío del mundo. Estas armas son despreciadas por los hombres sin Dios, pero temidas por los poderes de las tinieblas. Son las mismas que el Señor Jesucristo usó en sus luchas contra el mal en su ministerio.

"Derribando argumentos". Los argumentos son las fortalezas de maldad que obstaculizan el conocimiento de Dios presentado por el evangelio. Los argumentos son bien calculados para la perversión del verdadero evangelio de la gracia divina. El evangelio a su vez es reemplazado por otra forma de enseñanza la cual lleva a los hombres nuevamente al cautiverio y socava la legitimidad del apostolado de Pablo. Se hace referencia a Babel donde los hombres se levantaron contra Dios queriendo edificar su propio camino para llegar al cielo. Dios deshizo tales intenciones confundiéndolos completamente. El evangelio de la gracia de Dios nos unifica y edifica. Ahora bien, lo que pretenda tomar el lugar de Dios debe destruirse. Estos fuertes de maldad se encuentran en el campo del intelecto y de la voluntad, es decir que es el espíritu del hombre que se levanta contra el Espíritu de Dios.

"Llevando cautivo todo pensamiento". Los cautivos de esta lucha son los pensamientos los cuales se rebelan contra el conocimiento de Dios. Los pensamientos deben ser traídos a la obediencia de Cristo, quien es la sabiduría de Dios. Pablo está determinado a exponer la perversidad de la mente y de la voluntad como impostores. Desea que los creyentes de la iglesia de Cristo puedan aprender lo que esto significa y así traer los pensamientos y la voluntad humana en armonía con la mente y con la voluntad de Cristo. El ruego de Pablo es que haya prontitud para castigar toda desobediencia a Cristo para que la obediencia de ellos sea completamente dedicada a Cristo. Los corintios no deben dudar que el apóstol es de Cristo y que su lealtad es para El. Pablo no tiene vergüenza de ejercer el apostolado que recibió por la voluntad de Cristo. Su ministerio es de edificación y no de destrucción. Los corintios debieran tener la evidencia de los credenciales de Pablo y de su ministerio bien claros y evidenciados en su vida.

Considerar las cosas de otra manera era aceptar las apariencias sin realidad como si fueran verdad. Los corintios habían dicho que Pablo era duro y que los amenazaba por medio de cartas, pero que personalmente su presencia era la de un hombre débil cuyas palabras no llevaban autoridad. Pablo advierte que quien así piensa se equivoca, pues puede sostener lo que dice por carta cuando esté frente a frente con ellos. Pablo advierte que ellos se comparan consigo mismos y se alaban de lo que en su opinión es bueno pero en esto no son juiciosos. Pablo quiere que su vida sea del agrado de Dios y no de los hombres. Ya les había dicho que en el servicio de Cristo la recomendación y la evaluación de Cristo es lo que cuenta. A Pablo no le importa el juicio de los hombres porque el Señor es quien juzga a Sus siervos.

Pablo no ha servido al Señor en la confianza de su personalidad o en el poder de su palabra, ni ha usado o abusado de su perrogativas apostólicas para forzarlos o amedrentarlos. Para Pablo el modelo de ministerio es Cristo y está determinado a hacer de ese ejemplo su patrón de conducta. Sigue en el plan de gentileza y humildad para con la iglesia, pero esto no debe interpretarse como falta de carácter o de integridad. Con el poder de Dios mostrará la falsedad de los que sí abusan de su poder para hacer mal a la iglesia. El gravísimo error de los falsos maestros era la exagerada confianza que tenían en sí mismos. El ministerio cristiano tiene que basarse en el modelo de Cristo. Pablo quiere agradar a Su Maestro y eso es lo importante. Las fuerzas que hay que vencer sólo se rendirán ante la fortaleza del poder divino. Pablo está motivado a sevir al Señor por la victoria que concede el poder de Dios.

En Medida Divina (10:13-18)
Hemos mencionado a los falsos maestros que se creían ser super

apóstoles. Sin duda, ha quedado en la mente la pregunta: ¿quiénes son estos personajes? El carácter de los adversarios de Pablo está sugerido en esta epístola y puede resumirse así: (a) Son personas que sin ser de Corinto vinieron trayendo cartas de recomendación, y ellos mismos se recomendaban a los miembros de la iglesia. Vinieron predicando un evangelio distorsionado que presentaba a otro Jesucristo. (b) Eran personas que afirmaban tener una autoridad superior a los apóstoles. A sí mismos se denominaban super apóstoles. Dejaron la impresión de ser instrumentos de Satanás por todos los daños que causaron dentro de la iglesia mientras que pretendían ser ministros de justicia. (c) Eran judaizantes que probablemente habían venido desde Palestina a inquietar a los hermanos. Eran israelitas quienes aseguraban ser hijos de Abraham. Exigieron que los creyentes aceptaran los ritos y prescripciones de los judíos, guiando a la iglesia a la esclavitud de la cual ellos eran víctimas. (d) Eran libertinos quienes enseñaban que lo que se hacía con el cuerpo no era importante. Enseñaban que si se adulteraba y se entraba en otras inmoralidades no se afectaba la vida espiritual. Se olvidaban que el cuerpo es templo del Espíritu Santo. (e) Eran gnósticos. Pretendían tener un conocimiento superior al de los apóstoles. Glorificaban sus principios filosóficos del conocimiento de Dios. El conocimiento esotérico que ellos poseían se lo comunicarían sólo a los iniciados. Esto hacía que su doctrina de Cristo fuera débil y herética. Pablo presenta la doctrina de Cristo con vigor y mucha convicción. (f) Eran asalariados o mercenarios. Eran movidos por la avaricia y la motivación del lucro personal no por la gloria y el poder de Dios en un ministerio de edificación. Esto falsos maestros fuera los que causaron tanto dolor en las relaciones de Pablo con la iglesia. Esta descripción nos ayuda a entender lo que estaba sucediendo.

"Pero nosotros". Pablo continua la defensa de su ministerio contra los intrusos que lo querían desfigurar. Contrario a lo que hacían los falsos maestros, él limita su regocijo dentro de las medidas legítimas. Pablo ha sido un fiel misionero y evangelista. Si hay algo que sea gratificante para él será la predicación del evangelio. Los falsos maestros se jactan más allá de los límites porque construyen sobre falsos fundamentos, el "yo" y otros factores puramente humanos. Ellos invadían el territorio misionero de Pablo deseando deshacer la lealtad de la iglesia hacia el apóstol. Pablo servía, no para que los hombres los alabaran, sino para obedecer a Dios y para la alabanza de Su gloria.

"Porque no nos hemos extralimitado". El apóstol afirma que él no está invadiendo el trabajo misionero de nadie. Pablo fue cuidadoso de no impedir o estorbar lo que otros estaban haciendo. Por esto afirmaba que no edificaba donde ya otro había puesto trabajo evangelístico. Pablo entendió su comisión envagelizadora como una actividad dedicada a campos nuevos adonde otros no habían llegado. Pablo había sido el primero en llegar a Corinto con el mensaje del evangelio. Por sus esfuerzos una iglesia se había organizado, la cual era la evidencia innegable de su apostolado. Nadie debía usurpar sus privilegios o ignorar el trabajo realizado por Pablo. El camino ordenado por el Señor para Pablo lo llevó a Corinto, mientras que sus oponentes no habían sido enviados por Dios en ningún camino, mucho menos a Corinto. Por eso ellos eran descalificados como ilegítimos competidores.

"No nos gloriamos desmedidamente en trabajos ajenos". Pablo había entendido que su llamamiento hacia los gentiles era ir a lugares donde nadie hubiera iniciado ningún trabajo. El no era como los falsos maestros que llegaron a Corinto con toda la intención de acreditarse lo que ya Pablo había laborado. Eran así intrusos en el trabajo que Dios le había encomendado a Pablo. Se esperaba que conforme Pablo fuera extendiendo las fronteras a Italia y a España con la predicación del evangelio, los corintios estuvieran celebrando junto con Pablo las victorias espirituales en aquellos lugares. En su estrategia Pablo siempre era dinámico y progresivo y en contraste irreconciliable con la mentalidad de los falsos maestros.

"Anunciaremos el evangelio". Pablo conocía los dolores de iniciar una nueva obra, pero sabía que para eso lo había llamado y comisionado el Señor. Era mucho más fácil trabajar donde ya otro había laborado y había una iglesia establecida. Pablo considera propio seguir adelante con su programa de llevar el evangelio más allá de Corinto. El quiere ir hasta Roma y España para que otros lleguen a participar del don celestial. Pablo apela a la buena voluntad de la iglesia para que entiendan que quienes se quieren hacer pasar por super apóstoles son usurpadores que están aprovechando el trabajo de Pablo para enemistarlos contra él. En todo estos asuntos Pablo no está poniéndose contra la iglesia; al contrario, todo lo que está diciendo lo dice para que la iglesia reconozca su apostolado y lo apoyen al llevar la buena noticia a tierras vírgenes para el evangelio.

"Mas el que se gloría, gloríese en el Señor". El apóstol ha tenido que hablar de sus logros, pero lo ha hecho para mostrar lo que Dios ha hecho por medio de él. El hablar de esta manera es permisible al cristiano que desea mencionar lo que Dios le ha permitido hacer, pero que reconoce que todo fue logrado por el Señor. No debemos jactarnos como si nosotros fuéramos los que hemos logrado los éxitos de la obra de Dios. Nosotros somos instrumentos, pero el cirujano que ha hecho los trasplantes del corazón es Dios. Pablo nos enseña que la jactancia por lo que hacemos no tiene cabida en la vida del ministro de la Palabra de Dios. El gloriarnos debe hacerse conforme a lo que Dios hace por medio de nosotros. La cita de Jeremías es para corregir la jactancia por los logros personales que para algunos sirven como base para el prestigio en círculos denominacionales.

"No es aprobado el que se alaba a sí mismo". Dentro de la iglesia cristiana esto debe mirarse con sospecha y como marca de descalificación. La manera como Dios nos alaba no es las palabras floridas, sino por la bendición que lleguemos a ser en las vidas de otros. El testimonio de las conciencias de los que han sido bendecidos, cuyos frutos continúan, será la más grande gratificación y elogio que Dios nos pueda brindar. Resulta muy importante que sea Dios quien dé Su aprobación a nuestros esfuerzos ministeriales.

No conviene gloriarse a título personal. Solamente los falsos maestros lo hacían para finalmente desacreditarse a sí mismos. Pablo afirma que lo que él ha hecho tiene que ver con su deseo de agradar a Dios quien lo comisionó. Lo que los hombres puedan pensar de lo que hace lo tiene sin cuidado. Después de todo, lo que más importa es el agrado divino quien mide nuestro ministerio de acuerdo a Sus planes excelentes. La aprobación para el siervo de Dios no son las estadísticas, ni los reconocimientos que pueda recibir, ni las críticas que se le puedan hacer; el siervo de Dios responde finalmente a El. Su medida de celebración será el poder de Dios aplicado a las vidas transformadas por El.

En Celo Divino (11:1-15)

Desde el 11:1 hasta el 12:13 Pablo entra en la defensa más formidable de su apostolado contra los falsos maestros. Para lograrlo usa expertamente la ironía acompañada del celo del Señor y de la dedicación a la verdad. Pablo se ha dirigido primero a los falsos maestros; ahora se dirige a la iglesia para que se desengañen de lo que los intrusos les han estado enseñando.

"Sí, toleradme". Pablo les ruega atención para presentar su caso. Lo que les va a decir suena como a locura pero Pablo suplica paciencia con él. Los falsos maestros han hecho alarde de autenticidad con cartas y con jactancias personales. Pablo ahora quiere imitar a los falsos maestros, cosa que no esperaban los corintios. Se siente incómodo de tener que seguir ese procedimiento y por eso les ruega que lo toleren. Todo esto lo hace porque quiere disipar cualquier duda que los corintios puedan tener de lo legítimo de su ministerio. Por encima de todo estaba la seguridad y salvación de sus hermanos en Cristo.

El celo que tiene para que la iglesia se mantenga limpia y fiel ha sido la motivación para entrar en este ejercicio. Los ama desde la perspectiva de la eternidad. Pablo no quería que se diese lugar a engaños peligrosos como lo que había pasado con Eva en el Edén. Deseaba que la iglesia se presentara al Señor como una virgen pura.

"Si viene alguno predicando a otro Jesús". El problema básico era la distorsión de la verdad que se substituía por una mentira. El "Jesús" que Pablo les había anunciado era el Mesías, el Señor exaltado a los cielos quien había vencido el pecado y la muerte. El "Jesús" que los otros predicadores falsos predicaban, sin duda que era el hijo del hombre, no el Hijo de Dios. Ese "Jesús" no era del linaje de David, ni el Rey de reyes, ni el Señor de gloria.

"Otro espíritu". Si otro "Jesús" era predicado, como consecuencia se habría recibido un espíritu diferente también. No sería el Espíritu Santo de poder que venía con la proclamación del Mesías. El espíritu que habían recibido no era el Espíritu de la gloriosa libertad del evangelio.

"Otro evangelio". No hay dos evangelios. Unicamente es real el evangelio de nuestro Señor y Salvador Jesucristo. Los engañadores con gran entusiasmo anunciaban que ellos traían el verdadero evangelio. Aquello no era más que una distorsión del evangelio de verdad y por lo mismo una falsedad. Pablo quiere prevenir a la iglesia de la destructiva naturaleza de las enseñanzas de los impostores que visitaban la iglesia. Si esa falsa doctrina era aceptada por la iglesia, la obra en Acaya estaba en serios peligros. La denuncia tiene como objetivo llamarles la atención y ponerlos sobre aviso para que los rechacen. En su ironía Pablo quiere que la iglesia esté lista a defenderse y a no darles la oportunidad de arruinar su fe.

"Grandes apóstoles". Pablo reclama su respeto como verdadero apóstol. La ironía usada para desenmascarar a esos predicadores de herejías, tiene como finalidad ponerlos en ridículo para que la iglesia los rechace. Probablemente los falsos maestros usaban estos calificativos para que la iglesia quedara impresionada y los aceptara como genuinos.

"Aunque sea tosco en la palabra". Pablo no disputa que se refieran a él como torpe de palabra. Tal vez los falsos maestros habían sido educados en toda la retórica de los griegos y lo que habían escuchado de Pablo les parecía ridículo. Pablo, sin embargo, está listo a defender su conocimiento el cual ha sido demostrado con poder de Dios en medio de ellos. Pablo quiere derribar la noción de que ellos tienen un conocimiento superior en asuntos espirituales. Por experiencia propia les ha contado del poder de Cristo y de la presencia del Espíritu Santo en la vida del creyente. El conocimiento no era algo misterioso sino manifiesto a todos los hombres que quisieran tenerlo por la fe en Cristo. El conocimiento del cual hablaban los "super apóstoles" era filosófico, humano y sin sentido. Pablo testificaba de lo que había pasado en su vida.

"¿Pequé yo humillándome a mí mismo . . . "? La acusación presentada por los falsos maestros era que, como Pablo no había exigido salario de parte de ellos, no era verdadero apóstol. Tanto la ley como la enseñanza de Cristo, afirmaban que quien predicaba el evangelio debía vivir también del evangelio. Pablo no seguía tales enseñanzas, ¿cómo podría ser tenido como apóstol? En su primera carta ya les había explicado que él lo había hecho así a manera de privilegio personal. El no quería serles ninguna carga económica, no porque no tuviera derecho a la ayuda, sino porque en buena conciencia decidía no pedirla. En esto no había ningún pecado, ni nada que lo descalificara como apóstol.

"He despojado a otras iglesias". Se apresura el apóstol a mostrar que si el criterio del apostolado es recibir salario, él lo ha hecho, aunque no con la iglesia en Corinto. Otras iglesias habían sostenido su ministerio. La iglesia de Corinto les debía su bendición a las iglesias que habían sostenido al apóstol en su ministerio. Siendo que Pablo hacía rendir los que le enviaban otras iglesias no era necesario pedir nada a la iglesia en Corinto. Si Pablo hubiera aceptado algo de la iglesia durante su ministerio en medio de ellos, esto también hubiera sido explotado por los falsos maestros para decir que era un engañador mercenario.

"A ninguno fui carga". Cuando los recursos se le acababan, Pablo usó sus manos para trabajar y así ganar su sostenimiento. Pero lo más bello es la solicitud de las iglesias de Macedonia que una y otra vez se interesaron porque a Pablo nada le faltara. Pero a pesar de sus necesidades, Pablo quiso tener la satisfacción de no pedir ningún salario de la iglesia de Corinto. Nada malo había en ello. Por lo mismo Pablo no quiere que se piense que él les está reclamando los salarios atrasados. De los corintios Pablo no pide nada y eso lo considera como su privilegio y gratificación.

Pablo no quiere que nadie le niegue ese privilegio. Alguno podría pensar que no quiere recibir nada de ellos porque no les tiene afecto. Con toda prontitud les contesta que ellos saben que los ama tiernamente. Dios es testigo de ello. Pablo quiere seguir esa política para que los adversarios no tengan que decir que es tan mercenario como ellos y que en nada es superior a ellos. Los desenmascara como falsos apóstoles y obreros fraudulentos que querían aparecer como apóstoles de Cristo. Pero eran sólo como el mismísimo Satanás que para engañar se vestía como ángel de luz. Finalmente Pablo les recuerda que las obras les seguirán y que con el tiempo se descubrirá que tan engañadores son.

El celo de Pablo por el bienestar de la iglesia en Corinto ha hecho que tenga que dirigirse a la congregación para reflexionar con ellos respecto a la verdadera naturaleza de los falsos maestros que estaban en medio de ellos. En muchas ocasiones es necesario que los líderes tengan que asumir posturas incómodas con el fin de que el pueblo de Dios no sufra por la astucia de los impostores. Hay que correr ciertos riesgos personales pero lo que nos mueve no es el bienestar o buen nombre a nivel personal sino el amor a Cristo y a su obra. Esto fue lo que Pablo tuvo que hacer en Corinto.

Lo que en el análisis final nos debe motivar en el ministerio debe ser la manifestación del poder de Dios. Debe también pensarse que lo que hacemos no es para ganar las alabanzas humanas sino la voluntad de Dios y la medida de la grandeza que El tiene. Nuestra motivación nos debe llevar a ser celosos por la obra a la cual Dios nos ha llamado.

Lecciones para la Vida de
2 Corintios 10:1—11:15

El Señor Jesucristo nos brinda el mejor modelo de servicio.—El sentido del servicio como siervo demostrado por Cristo en Su ministerio nos inspira a servir con humildad y gentileza o ternura. Nuestro servicio en esta dimensión inspirará a otros y los bendecirá y lo mismo nos sucederá a nosotros.

El poder y autoridad del ministerio es espiritual.—No tenemos nada que presentar a Dios para que nos llame a Su servicio. Dios nos llama como privilegio que nos concede y luego nos da el Espíritu de poder con el cual servimos y encaramos las batallas que tienen que ser ganadas. La altivez y la vanidad de los hombres no tienen cabida dentro del ministerio. Nuestros pensamientos deben someterse a la obediencia a Cristo.

La evaluación y juicio de nuestro ministerio la hace Dios. Las comparaciones y evaluaciones de lo que hacemos dentro del reino no deben hacerse comparándonos unos con otros, sino en lealtad y obediencia sabiendo que es de Dios de quien queremos oír el "Bien, buen siervo y fiel; sobre poco has sido fiel, sobre mucho te pondré; entra en el gozo de tu señor".

Somos instrumentos en las manos del Señor.—Esto debe mantenernos humildes y realistas en lo que hacemos. Tal vez podamos contar los lugares donde hemos servido, pero la bendición y crecimiento no la logré yo; la logró el Señor. No es que lo que yo haga no cuente, sino que lo que se logre mientras yo trabaje se logra por el poder de Dios. La gloria es del Señor y no de nosotros.

La espiritualidad se prueba en el ejercicio del amor por la obra de Dios.—Pablo no buscó nada para sí. La ganancia dentro del ministerio es el favor que Dios nos concede para ser de edificación a otros. El celo por la causa de Cristo es amor expresado que busca el bien de la iglesia aun cuando nos cause incomodidad personal. Los sacrificios que tengamos que pasar no son gravosos. El siervo del Señor está listo a dar su vida por la salud de la iglesia.

Actividades de Aprendizaje Personal

1. Pablo usa de la _____ para responder a
_____ _____ _____ desenmascarán-
dolos.
2. Pablo _____ a la buena voluntad e _____
de los miembros de la iglesia en Corinto.
3. Los falsos maestros eran _____ y venían de
_____ , trayendo _____ de recomendación.
4. "Mas el que _____ , gloríese en el _____ ."
5. "Si viene _____ predicando a otro _____
que el que os hemos predicado, o si recibís otro _____
que el que habéis recibido, u otro _____ que el que
habéis aceptado, bien lo toleráis".
6. "He _____ a otras _____ , recibiendo
_____ para serviros a vosotros".

CAPITULO 8

2 CORINTIOS 11:16—12:13
Con Poder en la Debilidad

Pablo nos presenta un principio espiritual que parece contradictorio para la vida cristiana: El ambiente propicio para la expresión de poder espiritual en el ministerio es aceptar la debilidad humana. El apóstol se hubiera podido jactar de la experiencia de visiones fenomenales. Pero no lo hace. En vez de eso elige jactarse en la gracia de Dios la cual era más que suficiente para las necesidades de su vida, aun en las condiciones más precarias. Jactarse o gloriarse es bueno cuando el objeto legítimo de nuestra jactancia se mantiene con claridad. La persona legítima de nuestra jactancia es Dios. Las revelaciones espléndidas, los dones o los logros no se pueden exaltar. Sólo la acción poderosa de Dios puede ser exaltada. La acción del poder divino es más fácilmente apreciada contra el trasfondo de la debilidad humana. Pablo pudiera haber indicado las señales y los milagros que él había logrado entre la familia cristiana y humana. Nada menos que una resurrección estaba entre todas estas maravillas. Sin embargo, Pablo escogió jactarse en su debilidad para que el poder de Cristo se manifestara en su ministerio y en su vida.

Introducción

Guillermo Tyndale fue uno de los grandes héroes de la fe. En su juventud se interesó por la Bibla. Se lamentaba de que los guías espirituales del pueblo fueran personas tan ignorantes de las Sagradas Escrituras, la Biblia. Tyndale se encaró a serias dificultades debido a su deseo de que el pueblo conociera la Palabra de Dios. Entre otras cosas perdió su lucrativo empleo como capellán de Sir Juan Walsh. También tuvo que abandonar la Gran Bretaña sin poder regresar allá. Tyndale era un experto en el griego y había logrado el título de "Master" de Cambridge y había servido como catedrático por veinte años tanto en Oxford como en Cambridge. Salió para Hamburgo en Alemania donde se cree que tuvo una entrevista con el reformador Martín Lutero. En su primer año de exilio Tyndale tuvo el Nuevo Testamento listo para la imprenta. Era un Nuevo Testamento para que el pueblo al leerlo pudiera entenderlo sin dificultades. En Colonia contrató dos impresoras. El trabajo encontró oposición, pero Tyndale sin pérdida de tiempo cambió su sitio de operaciones a Worms y allí terminó la impresión de todo el Nuevo Testamento en inglés.

Un año más tarde seis mil copias se habían distribuido en toda Inglaterra. El obispo Tunstall, de Inglaterra, logró una orden real para confiscar y destruir el Nuevo Testamento de Tyndale. El obispo fue hasta Alemania para comprar todos los Nuevos Testamentos que no se hubieran vendido. En consulta con Tyndale, el impresor le puso un precio bien alto a los libros los cuales el obispo gustoso compró para quemarlos. Lo único que no sabía el obispo era que la segunda edición estaba preparada pero que faltaban los fondos. Pero con el dinero de la compra de los Nuevos Testamentos que el obispo Tunstall había adquirido para quemarlos se financiaría la segunda edición. El impresor hizo que esta segunda edición saliera mejor que la primera y todo costeado por el obispo inquisidor inglés. Así, Inglaterra recibió la segunda edición triplicada y corregida del Nuevo Testamento.

Tiempo después el obispo Tunstall fue ejecutado en la torre de Londres y se dio permiso a que la segunda edición del Nuevo Testamento circulara libremente en toda la nación inglesa. Tyndale mismo deseaba volver a Inglaterra para seguir con la traducción del Antiguo Testamento pero no pudo hacerlo porque estando encarcelado, el 6 de octubre de 1536 fue estrangulado y sus restos quemados. Se cuenta que sus últimas palabras fueron: "Señor, abre los ojos al rey de Inglaterra".

La gran lección que se deriva de este episodio es que cuando somos débiles la fortaleza de Dios se manifiesta de manera innegable. Nuestras limitaciones humanas nos permiten ver con claridad el poder de la gracia de Dios que nunca nos abandona. Esta es la lección que Pablo presenta en este pasaje de las Escrituras.

Ridiculizando la Jactancia Humana (11:16-33)

Después de presentar a los falsos maestros, el apóstol continúa con lo que empezó a decir en el versículo 1. Su locura ha consistido en permitir comparar su vida con la de los "super apóstoles". Su locura es jactarse de lo que es y de lo que ha experimentado. Pablo no podía evitar seguir por este camino, aunque lo detesta, pero tenía que dejar bien sentada la diferencia entre un verdadero apóstol y los falsos señores que estaban en Corinto. Si ellos habían causado admiración en la iglesia por sus impresionantes credenciales era necesario que Pablo explicara su situación de apóstol de Cristo. Si se iba a juzgar en base puramente humana él también tenía qué mostrarles, y les muestra sólo para aclararles que esas credenciales no son las que un verdadero discípulo de Cristo exhibe. El Señor Jesucristo llamó a sus discípulos y los preparó para el ministerio sin darles ningún título ni carta de recomendación y enseñándoles que la humildad y el servicio en amor son las señales del verdadero apostolado.

Los falsos maestros se jactaban como hacen los que no conocen el perdón de Dios. Con su jactancia ellos habían logrado imponer sus puntos de vista sobre la congregación. Ellos les insistían que se volvieran a los ritos judíos, así regresando a la esclavitud de la cual Cristo los había librado. Los falsos maestros sí demandaban para ellos salarios por sus servicios. Sabían cuánto pedir de la congregación; eran verdaderos devoradores de los bienes y favores de los hermanos. Su soberbia hacía que miraran a los hermanos con desprecio, como gente inferior a la cual hay que tratar como esclavos. Tenían mano pesada para tratarlos, pero los hermanos en su ingenuidad y no sabiendo distinguir entre lo falso y lo verdadero los habían recibido y obedecido. La humildad y gentileza de Cristo estaba ausente de sus relaciones con la iglesia. Como Pablo los trataba con moderación y caballerosidad, ellos le hicieron pensar a la iglesia que era así porque Pablo era débil y sin carácter para ejercer su autoridad apostólica.

"Para vergüenza mía lo digo" (v. 21). Después de hacer la lista de indignidades que les causaban los falsos maestros, en sentido irónico Pablo les dice, "yo debiera estar avergonzado de no haberlos tratado así para probar que soy verdadero apóstol. ¡Qué lástima no haberlos tratado como lo han hecho estos señores! ¡Mi debilidad me apena! ¡Soy un verdadero fracaso en comparación con ellos!"

"También yo tengo osadía". La humildad y gentileza no le impiden al apóstol demostrarle a la iglesia que lo que los falsos maestros consideran grandeza no es sino insensatez que la iglesia no necesita. Ahora, entonces, es el momento de hablar autenticando su apostolado. Pablo tenía una historia de servicio excepcional, por eso no tenía ningún temor de compararse con cualquier ministro. Entra en el campo de la jactancia pero les advierte que ha sido forzado a hacer este acto de locura. Ellos deben rechazar a los falsos apóstoles junto con sus enseñanzas, y permanecer leales a la fe en la cual habían sido instruidos. Se prepara a ser tan osado en presentar su credenciales como lo hicieron los impostores. Pero hay que recordar que Pablo, después que presenta todas sus cualidades y logros, añade que todo eso lo considera como pérdida por causa de Cristo (Fil. 3:7).

La lista de sus cualidades y logros es como sigue:

1. Soy hebreo también. Podía leer y estudiar el Antiguo Testamento en su lengua original o en la aramea. El arameo lo usó con fluidez de suerte que admiró a la multitud en Jerusalén a la vez que hizo su discurso desde la fortaleza Antonia (Hechos 21; 22).

2. Era israelita, de la tribu de Benjamín. De esto Pablo siente cierta satisfacción por pertenecer al pueblo escogido por Dios.

3. Era descendiente de Abraham por raza y también por la imitación de su fe. Los oponentes de Pablo no tenían en esto ninguna ventaja sobre él.

4. Era ministro de Cristo. Los impostores afirmaban con fuerza que ellos eran ministros de Cristo. Pablo afirma que él es más ministro que ellos. Este estilo de hablar ponderándose a sí mismo es tan extraño que Pablo tiene que advertir que está hablando como loco. No puede ser de otra manera, pues el jactarse de un asunto tan sagrado como lo es el servicio cristiano es un desatino en cualquier siervo del Señor.

Ahora empieza a contar toda la serie de penas y privaciones que ha sufrido por amor de la obra de predicar el evangelio. Comienza con trabajos, cárceles, azotes y peligros de muerte en una constancia mayor y los falsos maestros no tienen nada que mostrar en estos aspectos en comparación con Pablo. Ellos probablemente, no habían pasado por situaciones como las vividas por Pablo. El cuenta de los momentos de peligro en los cuales su vida estuvo en la balanza. En cinco ocasiones los judíos lo habían golpeado con 39 azotes. Esto refleja la fuerte oposición de los judíos al ministerio de Pablo. Con varas había sufrido tres veces. Los Hechos registran cuando menos una ocasión en Filipos cuando los romanos lo maltrataran porque no sabían o quisieron ignorar que era ciudadano romano (16:22, 23).

En Listra Pablo fue apedrado y dejado fuera de la ciudad como muerto, (Hch. 11:5-6). Los judíos tenían la ley para lapidar bajo ciertas circunstancias, entre las cuales estaban el adulterio y la blasfemia. A Pablo tal vez se le acusaba de blasfemia. Pablo también experimentó el naufragio. Sucedió en su viaje como prisionero a Roma, (Hch. 27). No sabemos cuándo sucedieron los otros dos naufragios. De los viajes mencionados en la literatura bíblica no sabemos que haya tenido más naufragios. Hay lagunas grandes en los detalles de las actividades del apóstol.

Durante sus viajes hubo muchos peligros que tuvo que enfrentar. Las personas que no querían a Pablo lo podrían seguir a los lugares apartados de los caminos para hacerle mal aprovechando la soledad. En esos caminos sufría las amenazas de los judíos y de los gentiles. Las ciudades no eran más seguras que los caminos solitarios. Esto está constatado en el libro de los Hechos.

Lo más desalentador era descubrir personas que pretendían ser creyentes con el propósito de causar daño a la obra del evangelio. Pablo pierde el sueño en ocasiones por diversidad de causas: (1) algunas veces por enfermedades que no dejaban tranquilo al apóstol; (2) otras veces por preocupaciones por las iglesias; (3) o por la falta de buenas relaciones con los hermanos.

Sufría, además, por ciertas privaciones a que se sometía por amor a la obra. El hambre y la sed en los grandes trechos de caminos que transitaba para ir de un lugar a otro. Ayunos por dedicarse a la oración de intercesión por muchos. En crueles inviernos había padecido fríos inclementes y en ocasiones se había quedado sin ropa. Se agrega a esta lista la preocupación por todas las iglesias en las cuales había ministrado y que dependían de su orientación y consejo, como ahora lo era la iglesia en Corinto.

"¿Quién enferma, y yo no enfermo?" (v. 29) La preocupación del apóstol nace de su amor de pastor. Siente compasión por todos los hermanos en Cristo. Todos son importantes para su ministerio. Pablo los quiere como a sus hijos espirituales. Se preocupa por los débiles, quienes son escrupulosos en extremo. Además considera débiles a los que no cumplen con todas sus cargas espirituales. Pablo no lo juzga sino que tiene gran amor por ellos. El se identifica con los débiles para ganarlos para Cristo. No puede pensarse que la preocupación de Pablo se deba a su falta de fe, sino que corresponde a su gran sentimiento de compasión.

"¿A quién se le hace tropezar, y yo no me indigno?" La situación en

Corinto era tal que los falsos maestros estaban desviando a los creyentes con falsas doctrinas y un falso Cristo. Lo que Pablo está haciendo ahora mismo es mostrar su indignación por la obra destructiva de los falsos maestros. El Señor Jesucristo pronunció condenación sobre los que hicieran tropezar a uno de los pequeños que creyeran en El (Mr. 9:42). Esta no es una indignación meramente humana sino que es divina; es la compasión expresada en forma protectora hacia los que son susceptibles de escandalizarse. Sin indignación, el amor de Pablo tanto como el nuestro sería imperfecto.

"Si es necesario gloriarse, me gloriaré en lo que es mi debilidad" (v. 30). De aquí en adelante la epístola empieza a moverse hacia su clímax. Este se ve en el 12:9. El jactarse en la debilidad es para que el poder de Dios se muestre. Debilidad y fortaleza se presentan como aspectos paradójicos. La jactancia no se basa en lo que el instrumento humano puede lograr, sino en la gracia y en poder de Dios. Pablo no creía que todo lo que hubo ennumerado le concedía el derecho de promoverse a sí mismo. Sólo por la gracia de Dios era lo que era y hacía lo que hacía. Los mismos sufrimientos indicaban que no era ningún super hombre sino un mortal salvado y usado por Dios.

"Sabe que no miento" (v. 31). Para quienes dudan de su veracidad apela a Dios en confirmación de lo que dice. Ningún nombre reclamaba tanto respeto y devoción como el nombre de Dios. Nada ha dicho que no sea cierto. No ha presentado nada para impresionarlos, sino que ha querido establecer los hechos de su ministerio.

Cuenta de su fuga de Damasco la cual se constituye en la primera persecución al recién convertido Pablo. La experiencia misma era el punto de partida de la ostentación de poder y autoridad que antes tenía con la nueva posición como siervo de Cristo. Su ministerio sería, pues, de humillación y fragilidad. La manera cómo fue librado de la mano del rey Aretas no es muy dignificante. Pablo introduce esta experiencia para mostrar que desde el comienzo su vida ministerial no tiene nada que pueda alimentar el orgullo o la vanidad de hombre.

Con este pensamiento Pablo termina demostrando la necedad de enorgullecerse en los logros humanos. Mal hacían los falsos maestros con portarse de esa manera. Evidenciaban el hecho de que en realidad no eran ni tan siquiera apóstoles, mucho menos super apóstoles como ellos aseguraban de sí mismos.

Aceptando lo Sobrenatural (12:1-6)

En la vida cristiana lo extraordinario viene a convertirse en lo más "natural". Muchas personas no saben aceptar los eventos sobrenaturales sin inflarse ellos mismos. Hay un orgullo velado cuando se tiene la experiencia de lo sobrenatural. No así Pablo, quien nos enseña el camino de la humildad en circunstacias que otros explotarían para su propio beneficio. Veamos, pues, cómo lo hace.

"No me conviene gloriarme" (v. 1). Ya ha elaborado sobre su deseo de no jactarse en nada en lo que es o en lo que ha hecho. Pero como parece ser que los falsos maestros decían haber tenido revelaciones especiales, Pablo entonces se ve obligado a tratar este aspecto también. Lo que va a compartir con los corintios no tiene como propósito que lo consideren super apóstol. Pablo no busca nada para sí.

"Las visiones y a las revelaciones del Señor". Estas pueden entenderse como la experiencia que el Señor le permitió en base de privilegio. Pablo no presenta las revelaciones como la evidencia fidedigna de su apostolado como lo que pretendían los impostores en Corinto. Los Hechos nos confirman que Pablo sí tuvo visiones como las que ahora relata, entre las cuales se encuentra la visión del Cristo resucitado en el camino a Damasco. Pablo menciona estas experiencias para terminar en lo que es su "espina en la carne", la cual no le permitirá ningún sentimiento de jactancia. Pablo aprecia gratamente lo sobrenatural y su privilegio de experimentarlo, pero lo entiende dentro del cuadro de la gloria de Dios y no del de su propia gloria.

Las visiones son manifestaciones de la gracia de Dios que confirma que somos sus hijos en buenas relaciones con El. Todas estas manifestaciones deben apreciarse y aceptarse si en ellas hay una proclamación de la gloria y grandeza de Cristo o algo que edifique el cuerpo de Cristo que es su iglesia. De no ser así, deben rechazarse como medios de distracción y perversión que no dan la gloria a Dios.

"Conozco a un hombre en Cristo" (v. 2). Tanto le fastidia a Pablo la jactancia que prefiere referirse a sí mismo en sentido impersonal. En el curso de su narración queda en claro que Pablo está hablando de sus propias experiencias. El no deja espacio para sí mismo sino para Cristo y prefiere verse en esa bendita relación con su Señor. Sólo cuando hace mención de la "espina en la carne" regresa a la primera persona. Su modestia admite que hable de él sólo en la tercera persona.

Pablo indica que por catorce años, desde que tuvo la experiencia, no ha hablado abiertamente de ella en público. La modestia de Pablo nos sirve de ejemplo de humildad. Pablo menciona sus experiencias pero con grandes reservas y con gran cuidado.

("Si en el cuerpo, no lo sé; si fuera del cuerpo, no lo sé.)" Pablo es incapaz de aclarar los detalles. No descarta la posibilidad de un rapto en el cuerpo, pero tampoco lo afirma. Por ello un rapto de carácter espiritual y corporal tampoco queda fuera de lo posible, y se ha insinuado ya en el capítulo cinco. Pablo además con esta experiencia nos asegura de las glorias que están por delante y que son ciertísimas. Estas han sido demostradas en la transfiguración y sobre todo en la resurrección de Cristo. Pablo no era propenso a tener esta clase de experiencias psíquicas o extáticas; lo que le sucedió se debió a la relación íntima con el Señor Jesucristo. Es el hombre "en Cristo" el que goza esta bendición. Nótese que no tiene nada que ver con los esfuerzos de los místicos para ganar una visión especial. El no buscó tenerla ni fue el resultado de su imaginación o esfuerzo.

"Fue arrebatado hasta el tercer cielo". Los tres cielos de que Pablo hace referencia se han sugerido como: la atmósfera de la tierra, el primero; el espacio exterior, el segundo; y el tercero sería el reino espiritual donde Dios tiene Su trono y magnífica gloria. Otros opinan que "tercer" se usa en forma simbólica para indicar grandeza y perfección. En todo caso lo encontrado allí será el anticipo para Pablo de lo que todos los creyentes encontraremos cuando el Señor Jesucristo venga en su gloria por Su iglesia.

"Y conozco al tal hombre" (v. 3). Pablo parece decir que de una experiencia tan estupenda como esa tendría de qué jactarse, pero que de sí mismo no hay nada de qué presumir. El crédito es únicamente del Señor.

"Fue arrebatado al paraíso" (v. 4). La concepción de paraíso nos viene de los persas quienes usaron la palabra para describir el honor y privilegio que el monarca le concedía a otros de gozar con él la compañía en el jardín amurallado. Era hacerlo partícipe de los privilegios reservados únicamente al soberano. Es en ese mismo sentido que usa la palabra aquí. Dios le concedió a Pablo el honor y la distinción de experimentar la compañía de Dios de una manera íntima en lo reservado de Su gloria. La mención del paraíso está identificada con lo que ya mencionó respecto del tercer cielo. El paraíso no es una antesala de la gloria misma sino las habitaciones mismas del cielo.

"Oyó palabras inefables". Fascinante en verdad que Pablo se haya maravillado de lo dicho allá y no de lo que vio. En una época de la televisión como la nuestra, nos interesa más saber lo que vio que lo que oyó. Pero para Pablo, en medio de su accidentado ministerio, sin duda, lo que oyó tiene un valor tan grande que debió darle el aliento necesario para experimentar hasta lo indecible por el reino de Dios. Pablo estuvo en una dimensión de la realidad que nosotros no hemos experimentado. Baste sólo saber que cuando el Señor nos llame con El, tendremos el privilegio de gozar de la intimidad de la compañía de nuestro Señor y Salvador Jesucristo. Pablo tuvo que limitarse a contar lo que le fue permitido. Lo maravilloso para el creyente es que no habrá sorpresas desagradables sino una grandeza y delicia espiritual indescriptible.

"Pero de mí mismo en nada me gloriaré, sino en mis debilidades" (v. 5). Pablo puede jactarse del hombre en Cristo quien le da todo el crédito a Cristo mismo. Pero en lo que se refiere a su obediencia y ministerio como apóstol no tiene nada de qué gloriarse excepto en sus debilidades.

"Si quisiera gloriarme" (v. 6). Si se jactara en sus revelaciones no lo haría como insensato porque lo haría en referencia a la verdad. Los necios son los que se jactan más allá de la verdad. Pablo sabe que por más que haya sido distinguido por el Señor con bendiciones que no pueden contarse, Dios quiere y espera de Sus hijos que sean humildes y realistas de su condición. Dios da gracia a los humildes y resiste a los soberbios. Pablo no quiere estar en el lugar de los reprendidos por su soberbia. Anhela ser visto por los hombres como un hermano peregrino en el camino de la vida cristiana.

Lo espectacular e inefable no debe desfigurarnos sino conducirnos a rendir toda la gloria y el honor al Señor. Debemos recordar que lo espectacular son bendiciones inmerecidas de Dios. Lo espectacular es explotado por muchos para su propio engrandecimiento. Pablo nos enseña que frente a lo espectacular debemos descubrir que somos hombres y no pequeños dioses con poderes sobrehumanos. Nuestra debilidad alimenta la humildad y esa debe ser nuestra postura como siervos del Señor.

Viviendo con Dolor (12:7-13)

"Y para que la grandeza de las revelaciones no me exaltase desmedidamente" (v. 7). Pablo afirma que los tesoros espirituales están guardados en vasos de barro. De la grandeza de lo sobrenatural, Pablo pasa a su situación personal y ve que la tentación humana sería inflarse hasta reventar presumiendo por lo que Dios le concedió experimentar. A manera de correctivo Dios ha permitido ciertos inconvenientes en la vida; "mensajeros de Satanás" los llama Pablo. El ha hablado de sus revelaciones para llegar a este punto de que las revelaciones de Dios bien experimentadas nos llevan a la humildad, como a él le ha sucedido. Los falsos maestros que mucho se ufanan de sus revelaciones demuestran con ello sólo su falsedad.

"Un aguijón en mi carne". La idea comúnmente sostenida es que el aguijón era una enfermedad. Se supone que podría ser una enfermedad de los ojos o una fiebre malaria constante, la cual le proporcionaría mucho dolor a Pablo de manera periódica y humillante.

"Tres veces he rogado al Señor, que lo quite de mí" (v. 8). Pablo insitió tres veces con el Señor por liberación de tal malestar. Estas tres veces están relacionadas con tres experiencias terribles dirigidas por mensajeros de Satanás. Aquí hay un paralelo con la experiencia del Señor en el Getsemaní. Lo mismo que el Señor, Pablo sometía su condición a la voluntad de Dios. Pablo aceptó la sabiduría divina que no resolvía la situación de acuerdo a lo que él quería, sino en conformidad con el plan de Dios. Pablo tuvo que aprender a vivir con "el aguijón en su carne".

"Bástate me gracia; porque mi poder se perfecciona en la debilidad" (v. 9). La gracia del Señor es suficiente no importa cuál sea nuestra condición. Esa gracia permaneció con Pablo como una fuente de seguridad y confianza. Pablo tendría que soportar el sufrimiento pero no lo haría en sus fuerzas, sino en la gracia de Dios. Dios no nos deja ser probados más de lo que podemos soportar sino que nos da la gracia suficiente para poder resistir. La debilidad del hombre pone de manifiesto la solicitud y poder divinos. Cuando aceptamos la voluntad de Dios estamos adecuadamente preparados para ser instrumentos de bendición en las manos del Señor. Los grandes planes de Dios se realizan por Su gracia y no por lo que nosotros tenemos que ofrecerle. Dios nos quiere humildes porque es entonces cuando nos puede usar mejor.

"Por amor a Cristo me gozo en las debilidades" (v. 10). Sus debilidades, lejos de desacreditarlo como apóstol demostraban lo auténtico de su ministerio. Frente a esta situación embarazosa de tener que demostrar la legitimidad de su apostolado, él se convencía de que las debilidades no lo desautorizaban sino que demostraban el poder de Cristo en las vidas de otros y en la suya propia. Esto produce gozo en Pablo porque por amor a Cristo lo ha padecido todo y ha resultado en bendición. En su debilidad se ha evidenciado la fortaleza de Cristo.

Pablo culmina esta sección mostrando que tuvo necesidad de entrar en el terreno de los falsos maestros. Fue obligado a ello a manera de instrucción para la iglesia y no para ganar fama para sí. Los corintios debieron haber notado la grandeza y espiritualidad de Pablo y haberlo defendido cuando se le acusaba maliciosamente por los que se creían super apóstoles, que en realidad no lo eran. La experiencia y trabajo de Pablo dejaban en claro que el verdadero apóstol era él. Pablo les recuerda que las pruebas de su apostolado estaban en medio de la congregación con todo el despliegue de lo sobrenatural como prodigios, milagros y señales. Nada hacía que la iglesia en Corinto hubiera sufrido habiéndose privado de algún bien espiritual. En nada eran inferiores a las demás iglesias. Tal vez lo único sería que no le habían pagado a Pablo por sus servicios ministeriales. Por haberles ocasionado tal privación Pablo se disculpa con ellos.

Conclusión

Usando todos los medios a su alcance Pablo ha desbaratado las pretensiones de los falsos maestros de ser superiores a Pablo. Les ha demostrado que lo espectacular y sobrenatural no debe causar orgullo, sino que debe verse como la manera que Dios nos distingue y confirma para hacer la obra hasta con dolor y sin desmayar. El dolor, en este sentido es causado por Satanás para desanimarnos, pero es usado por Dios para hacernos conscientes de su poder. Dios nos llama a la humildad para manifestar en nosotros el poder de Cristo y no la soberbia de la exaltación propia.

Somos, pues, llamados a servir con el poder de la gracia de Cristo manifestado en nuestra debilidad.

Lecciones para la Vida de 2 Corintios 11:16—12:13

La ostentación debe hacerse para darle la gloria a Cristo.—Cuando las cosas nos salgan bien y logremos mucho en la obra, debemos recordar que nosotros sólo fuimos instrumentos de bendición en las manos de Dios. No nos queda bien tomar crédito por los bienes espirituales que vienen de Dios únicamente.

El hacer ostentación del éxito de lo que hacemos o nuestras cualidades o talentos demostrará subdesarrollo espiritual.—El éxito por las cualidades personales no indica la aprobación divina. No es verdad que nadie pueda hablar en contra del éxito. Lo que más importa en el ministerio es la fidelidad y la obediencia al Señor de la mies.

Las cosas extraordinarias que nos acontezcan no son base para medir nuestra espiritualidad ni la de otros.—Lo sobrenatural es un privilegio divino. Es demostración del poder y de la gracia de Dios. En ninguna manera indica algo espectacular que yo tenga para exhibir delante de otros. Lo espectacular debe ayudarnos a comprender la naturaleza de la gracia y del poder divinos.

La debilidad humana debe aceptarse para que el poder de Dios se manifieste.—Las pretensiones humanas respecto a asuntos espirituales nos impiden apreciar la gracia de Dios. Admitir nuestra insuficiencia espiritual permite que el poder de Jesucristo radique en nosotros.

Sufrir dentro de la voluntad de Dios es posible porque Su gracia nos sostiene.—Los sufrimientos, las enfermedades y las adversidades pueden ser vehículos de enseñanza. El creyente sabe que Dios no lo deja ser probado más de lo que puede resistir. La fuerza sustentadora de Su gracia es nuestro consuelo y la salida victoriosa a nuestras penas. La gracia de Dios nos permite experimentar el poder de Dios al máximo.

Actividades de Aprendizaje Personal

Responda a las afirmaciones con Verdad o Falso según sea el caso.

1. _____ Pablo pide que los corintios lo acepten porque está loco.

2. _____ Pablo considera que es locura hacer alarde de lo que uno es o de lo que ha hecho en el ministerio.

3. _____ Pablo admite que fue demasiado débil en su trato con la iglesia de Corinto, que en verdad le faltó resolución para tratar con la iglesia.

4. _____ Pablo demuestra que en lo que respecta a cualidades personales o a experiencias de entrega y amor al ministerio en nada es inferior a otros que se jactan dentro de la iglesia de Corinto.

5. _____ Las revelaciones y visiones que tuvo Pablo son su mejor argumento para demostrar cuánto mejor apóstol es él que los que se consideran "super apóstoles".

6. _____ Pablo conoce a un hombre que fue arrebatado hasta el tercer cielo. El hombre en cuestión es Pablo mismo.

7. _____ Pablo enumera las señales del apostolado como paciencia, señales, milagros y prodigios; quien tenga estas cualidades demostrará que es verdadero apóstol de Cristo.

CAPITULO 9

2 CORINTIOS 12:14—13:14

Una Entrega Total en el Servicio Cristiano

Pablo expresa el gran deseo de gastar el resto de su vida en servir al Señor. El amor por los perdidos hacía imperativo que Pablo, de ningún modo, considerara el precio a pagar como demasiado costoso para que el inconverso viniera a los pies de Cristo. Pablo confirma que el poder de Dios se muestra en toda su magnitud cuando aceptamos nuestra debilidad e insuficiencia. El invita a los creyentes a que abran sus vidas a Cristo en su debilidad y para que así sean llenos del poder de Dios en sus vidas. El creyente debe evitar que ese poder tenga impedimentos en su vida. Pablo desea que sus lectores crezcan hasta completarse en la buena voluntad de Dios agradable y perfecta. Esto se reflejará en una vida centrada en Cristo en vez de una vida centrada en uno mismo.

Introducción

Toyohito Kagawa, el famoso misionero japonés, regresaba a su hogar desde su oficina una noche cuando vio a un hombre que había subido la cerca de un puente para lanzarse por un despeñadero y así acabar con su vida. Kagawa corriendo le dio un golpe certero al hombre quien cayó al pavimento. Kagawa lo llevó a su casa, le dio de comer y cuidó de él por una semana y entonces le dijo: "He hallado un trabajo para ti. Te puedes quedar aquí o irte a otra parte, pero de ahora en adelante tienes que recordar que la vida ya no te pertenece. Yo, Kagawa, te la salvé. Esta pertenece a Kagawa, y cada viernes vendrás y me rendirás cuentas de lo que has hecho con ella".

Así lo hizo. Fue fiel a lo que Kagawa le exigió. Llegó a ser un exitoso comerciante y le ayudó a Kagawa en el sostenimiento del trabajo misionero. Años más tarde, cuando pudo reunir el valor suficiente, platicó con Kagawa de la siguiente manera: "Sé que usted me salvó la vida y más, llegué a conocer a Cristo por usted. Pero, dígame ¿de dónde sacó usted la idea de que mi vida ya no me pertenece?" "Mi hermano", le contestó Kagawa, "no es una idea tan loca como parece, es la verdad. Mi vida no me pertenece. Me fue dada por Dios, y un día tendré que comparecer ante Su divina presencia y tendré que decirle lo que he hecho con el tiempo, los talentos y el tesoro de la salvación que tan bondadosamente me ha dado".

De igual manera el apóstol Pablo entendió que su vida no era suya sino de Cristo quien la había comprado con el precio de su sangre preciosa. Dedicarla al servicio de Cristo era el justo reconocimiento de lo que Cristo había obrado en su vida. Resalta, pues, la gran verdad de que si Dios estaba en Cristo y El murió por nosotros no habrá ningún sacrificio, por grande que sea, que nosotros podamos hacer por El. Con este entendimiento el apóstol se lanzaba sin temor a ser fiel en la comunicación del gran mensaje del amor salvador a todos los hombres sin importarle cuánto fuera el costo. ¡Tanto amor, tanta dedicación, tan grande disponibilidad para hacer la obra!, sirven como un ejemplo monumental para la comunidad cristiana por todas las edades.

Con Recursos Propios (12:14-21)

"Por tercera vez estoy preparado para ir a vosotros" (v. 14). Después de explicar la verdadera naturaleza del apostolado y desenmascarar a los falsos maestros, Pablo anuncia su propósito de visitar la iglesia por tercera vez. El apóstol desea hallar a los corintios en buena condición moral y espiritual. Estos han sido los aspectos que lo han tenido preocupado. En cuanto a las visitas de Pablo a Corinto no se puede decir nada en sentido categórico. No poseemos en los materiales bíblicos suficiente información para llenar las lagunas que nos quedan en una reconstrucción de las actividades paulinas. La primera visita de Pablo se identifica probablemente con la ocasión cuando Pablo llegó por primera vez a Corinto para predicar el evangelio, (Hch. 18). La segunda y dolorosa visita (2:1) fue la que realizó después de enviar 1 Corintios. La segunda visita parece haber sido de corta duración. Pablo pudo haberla hecho desde Efeso durante el tiempo de su ministerio allí. Esta visita no se menciona en el libro de los Hechos. La razón para tal omisión es que Lucas sólo registra lo más sobresaliente en la vida y ministerio del apóstol.

"No os seré gravoso". Consistente con lo que ha sido su deseo desde el principio con los corintios, Pablo no quiere que la iglesia haga arreglos para su futura visita. No desea que lo que dijo (11:7-12) se interprete como que les está pidiendo que ahora sí le paguen por sus servicios ministeriales. A manera de privilegio Pablo decidió no aceptar nada de la iglesia en Corinto. Con esa misma intención desea volver a verlos nuevamente. "No busco lo vuestro, sino a vosotros". El interés no ha sido que pueda sacar de ellos. Pablo no está orientado hacia un ministerio que piensa primero en el estómago. Lo primordial son los hermanos en sus necesidades. Las personas ocupan un lugar prominente y los servirá por puro amor. En esto Pablo quiere imitar al Señor quien no vino al mundo para ser servido sino para servir y para dar su vida en rescate por muchos (Mr. 10:45).

"Los padres para los hijos". Pablo sentía que él era un padre espiritual para la iglesia. Con gran ternura, como lo haría un padre con su hijo, siente que debe proveer para las necesidades de la iglesia la cual está todavía en un estado de infancia. Pablo no niega el principio de que los hijos pudientes tengan el privilegio de sostener a sus padres, sin eludir la responsabilidad como lo hacían los fariseos que con sus tradiciones invalidaban la Palabra de Dios.

"Con el mayor placer gastaré lo mío" (v. 15). La generosidad de Pablo no conoce límites cuando se trata de servir a los hermanos. El principio establecido es que Dios ama al dador alegre. Pablo es un buen ejemplo de este sentir. El con gozo se dispone a gastar lo suyo con tal que la iglesia en Corinto sea edificada. La iglesia de hoy tiene mucho que aprender de Pablo. Los motivos de nuestro servicio son claros. A veces ofrendamos porque nos conviene al fin del año para hacerlo figurar en nuestros impuestos. Pablo ponía todo lo suyo a los pies de Cristo para servir a la iglesia. Dentro de la iglesia a veces se puede ver que hay quienes se fijan en cuánto dan otros, para ellos dar, o cuánto trabajan otros para ellos colaborar en la misma medida. Nuestra medida de servicio es Cristo.

"Yo mismo me gastaré del todo por amor de vuestras almas". La entrega no es sólo de índole financiera sino personal. Cosas estupendas suceden cuando estamos listos a entregarnos a nosotros mismos. Nadie puede hacer ofrenda más significativa que la ofrenda del ser motivada por el amor. Dios no sólo nos dio lo que hemos necesitado para sostener la vida, sino que envió a Su Hijo unigénito para que diera Su vida para nuestra salvación. Este es el regalo inefable del cual ya habló Pablo. La supremacía del amor de Cristo es lo que ha llenado a Pablo de amor para su ministerio. Cristo nos amó cuando no teníamos nada más que rebeldía en nuestros corazones. Pablo está listo a amar aun cuando no sea amado más por los hermanos o aun cuando el amor de ellos decrezca hacia él. No era esta una acusación de Pablo a la iglesia sino una afirmación de su disposición de servir aun en las condiciones más desventajosas.

"Como soy astuto, os prendí por engaño" (v. 16). Los engañadores habían calumniado a Pablo diciendo que se hacía sospechoso el hecho de que hubiera permanecido en medio de ellos sin depender de ellos económicamente. Esto lo había hecho para que la iglesia creyera en su integridad. La verdad era distinta, pues, siendo tan astuto como era, esperaba la ocasión para tomar de ellos una buena cantidad. La ofrenda para los necesitados en Jerusalén sería la ocasión para que Pablo se llenara sus bolsas explotando la pobreza de ellos. Así, su aparente independencia le pagaría muy bien a la postre. Pablo rechaza tales insinuaciones maliciosas.

"¿Acaso os he engañado por alguno de los que he enviado a vosotros?" (v. 17) Hay un dicho que dice: "El que las usa las imagina". Esto era verdad con los falsos maestros quienes ahora acusaban al siervo de Dios de lo que ellos eran culpables. Proyectando su maldad en Pablo pretendían legitimar los engaños que ellos estaban cometiendo contra la iglesia. Como instrumentos de Satanás abusaban de la ingenuidad y buena fe de los creyentes en Corinto. A ellos les hubiera gustado haberle puesto la mano a lo que los hermanos habían ofrendado para los santos en Jerusalén, a la vez que vivían como parásitos que abusaban de la iglesia. Pablo se defiende apelando tanto a su carácter personal, como al de los colaboradores en su ministerio. Nada tenían de qué acusarlos. Todos habían actuado impecablemente. No tenían ninguna base para desconfiar de Pablo o de sus asociados.

"¿No hemos procedido con el mismo espíritu y en las mismas pisadas?" (v. 18) La manera como Pablo ha formulado las preguntas en este versículo demandan una respuesta negativa. Tito había visitado la iglesia dos veces y su conducta no había dejado nada qué desear. El hermano que había acompañado a Tito tampoco les había engañado en nada. Nadie había sacado ventaja ni había engañado a la iglesia.

Pablo continúa advirtiéndoles que no tiene nada de qué pedirles excusas. Todo se ha hecho honestamente y sin ninguna malicia. Han vivido delante de Dios, quien sabe bien sus intenciones de que todo lo han realizado para la edificación de la iglesia. Pablo les habla con emoción y con mucho afecto. Advierte que durante su visita desea encontrar una iglesia que no tenga de qué avergonzarse. Pablo no quiere demostrar cuán capaz es de ponerse firme con ellos. Si no se conducían en un estilo cristiano que superara los males que habían plagado y dañado las relaciones dentro de la iglesia, él sería muy severo. Pablo no quiere que su defensa ignore lo que es realmente importante, que es la santidad de su vida delante de Dios. Ellos debían combatir el espíritu de pelea, las envidias, las manifestaciones de ira, y los partidos que habían dividido anteriormente. Las palabras llenas de malicia y de soberbia que causan desórdenes debían superarse por la congregación.

Pablo les recuerda de la necesidad de aborrecer y derrotar todos los pecados de la carne para que él no tenga que preocuparse por los que no andaban bien delante de Dios. Pablo no quiere saber que algunos de los que habían vivido y cometido pecados sexuales siguieran viviendo en esa condición. Pablo no desea derramar más lágrimas por la triste condición de su vida moral. El relajamiento moral servía para que Pablo fuera atacado por los enemigos legalistas quienes estarían listos a mostrar la ineficacia de la afirmación paulina de que el Espíritu Santo en la vida del creyente la cambia radicalmente, aun de aquellas cosas del más grosero paganismo.

Pablo gasta su vida y sus recursos motivado por el gran precio que Dios pone en la vida del hombre. Pablo considera que su vida y sus sacrificios son una ofrenda que con gozo presenta a Dios. El aclara que no ha tenido motivos escondidos en su ministerio. Hace mención a lo que los creyentes en corintios conocen de su carácter y el de sus asociados. Pablo les recuerda que es muy importante que ellos sepan que toda su conducta está delante de Dios y nada tiene de qué avergonzarse. Pablo quiere que se den cuenta que algo más importante está en juego. La credibilidad del evangelio puede ponerse en duda si su conducta no corresponde a la santidad de la vida que Dios espera de ellos. Su conducta moral debe indicar el poder de la gracia de Dios para cambiar la vida de los gentiles.

Con Toda Honestidad (13:1-4)

"Esta es la tercera vez que voy a vosotros" (v. 1). La tercera visita es muy importante. En Deuteronomio se enseña que todo asunto serio debía resolverse con la presencia de dos o de tres testigos (17:6). De una manera más general Pablo toma la referencia para indicar lo decisivo de la tercera visita a la iglesia. También en Números se habla de aclarar todos los asuntos por boca de dos o tres testigos (35:30). Se indica que Pablo ya se había defendido dos veces y que esta es la última vez que lo va a hacer. En esta ocasión todo debe quedar resuelto en su relación con la iglesia.

"Por boca de dos o tres testigos se decidirá todo asunto." Pablo no quiere malgastar su tiempo en palabras infructuosas. Lo que se ha dicho será testificado y probado de una vez por todas. La situación de acusaciones y calumnias debe llegar a su fin. Pablo desea seguir el precepto de Cristo en cuanto a la manera de resolver los conflictos entre hermanos. El enseña que los problemas deben ser encarados y que hay situaciones cuando no es bueno posponerlos. Nadie ha solucionado sus problemas tratando de huir de los mismos. Dos y preferiblemente tres testigos eran necesarios para aceptar cualquier acusación contra el apóstol o contra alguien más.

"Escribo a los que antes pecaron, y todos los demás" (v. 2). En las visitas anteriores Pablo ya había advertido de lo que podría suceder si los pecados no eran abandonados, confesados y perdonados. Sin duda que Pablo está mencionando algo que espera no tener que usar. Pablo desea que para cuando él llegue a Corinto la iglesia se encuentre viviendo en la santidad de la vida cristina. Procediendo de un medio cuya relajación moral era universal, vivir dentro de la alta moralidad cristiana era un asunto muy difícil para ellos. Pero Pablo no quiere tener que demostrarles que es tan capaz de ser severo estando presente como lo es por medio de la correspondencia que sostenía con ellos. Su deseo es no tener que demostrarles que puede ejercer su autoridad si los pecadores no han corregido su manera de vivir. Pablo no aceptará transgresiones morales como si no fueran nada. Si encuentra que no ha habido cambio sabrán que Pablo no es indulgente con el pecado. Anteriormente Pablo no había querido visitarlos (1:23), para no causarles pena al tener que corregirlos drásticamente. El cambio de sus planes había servido para que se criticara a Pablo por el cambio de planes.

"Buscáis una prueba de que habla Cristo en mí" (v. 3). A diferencia de sus oponentes, Pablo se limitaba a sí mismo en cómo proceder con los problemas de la iglesia. Debido a su paciencia y amabilidad, ellos dudaron de si en verdad Pablo era un apóstol genuino. Pablo les promete que tendrán la prueba que buscan. Yo seré débil en mi trato con ustedes si me comparan con los que abusan de ustedes. Pero Cristo no es débil sino poderoso para con ellos. Cuando Pablo los visite por tercera vez se darán cuenta del poder de Cristo que actúa por medio de Pablo. Al desafiar al apóstol a ejercer su autoridad esperando ver la debilidad del apóstol, lo que en realidad hacían era un desafío a la autoridad de Cristo. Pablo puede sufrir todo lo que sea a nivel personal, pero cuando lo que está en cuestión es la autoridad de Cristo en él, como apóstol, no puede permanecer en silencio. La rebeldía en contra de un siervo de Dios es una rebeldía en contra de la autoridad divina que lo comisionó en primer lugar. Cualquiera que permaneciera sin arrepentirse recibiría prueba de la autoridad de Cristo por medio de Pablo, quien no sería débil sino poderoso contra ellos.

"Porque aunque Cristo fue crucificado en debilidad" (v. 4). La debilidad de Cristo en la cruz se mide sólo en razón de una visión parcial y fija en un momento nada más. Aun Cristo fue crucificado y tuvo que morir. Los corintios, sin embargo, habían experimentado el poder transformador del Cristo resucitado. La debilidad final, la muerte, había sido derrotada por Cristo el Señor. La muerte había sido la máxima humillación en el ministerio de Cristo. Pero la cruz, en la cual enfocamos la debilidad, no es otra cosa sino la manifestación del poder del Dios omnipotente para el rescate y salvación del hombre caído en el pecado.

"Vive por el poder de Dios". Aunque Cristo una vez murió en la cruz, ahora vive y permanence para siempre haciendo posible la redención de los hombres que a El se rinden. Los que se unen a Cristo por la fe comparten la debilidad de su pasión, pero a la vez son hechos participantes del poder de la resurrección. Por eso tenemos la confianza de que también viviremos por El. Entre la crucifixión y Su manifestación de la gloria final de nuestro Señor Jesucristo, la iglesia tiene la oportunidad de invitar a los hombres para que vengan a Cristo quien es paciente y no quiere que nadie perezca. En Su venida en gloria, Cristo no tendrá ya más paciencia, pues vendrá como juez. Cuando Cristo venga ya no evitará el juicio sobre los hombres. Imitando a Cristo, Pablo ha sido paciente y ha esperado, y ahora confía en que las cosas malas se han corregido y que ya no tiene que hacer uso de su autoridad. Pero si no están corregidas, entonces no será liviano en su tratamiento de los pecadores no arrepentidos.

Pablo ha sido honesto en cuando a su relación con la iglesia y les participa lo que puede suceder en su tercera visita. Está dispuesto a encarar a sus acusadores, tratar todos los asuntos con testigos y dejar todos los problemas resueltos. En cuanto a la iglesia, Pablo quiere encontrar que han disciplinado a sus miembros que vivían en pecado, y que viven los ideales de la fe cristiana. Si ellos no han corregido las inmoralidades dentro de la iglesia, conocerán que Pablo no se detiene en el uso de su autoridad apostólica motivado por el celo de la vida de la iglesia delante de Dios. Es bueno que el siervo del Señor sea paciente con los miembros de la iglesia, pero llega el momento cuando tiene que tomar posturas que no son populares y que le pueden costar mucho dolor. La fidelidad al Señor es mucho más importante que el aplauso de los hombres. Pero el siervo del Señor entiende que la disciplina dentro de la iglesia es necesaria aunque duela temporalmente. La honestidad debe ser parte del equipo del ministro del evangelio en este particular.

Con Amor Sincero (13:5-14)

"Examinaos a vosotros mismos si estáis en la fe" (v. 5). Los que estaban causando problemas habían pedido pruebas del apostolado a Pablo. Ahora Pablo pide que ellos demuestren que en verdad son verdaderos siervos de Cristo y que no se han descarriado. En vez de poner en duda si Pablo es apóstol genuino de Cristo, ellos deben demostrar que están viviendo lealmente la fe cristiana. Deben preguntarse si Cristo habita verdaderamente en ellos. Si ellos viven realmente en Cristo y Cristo en ellos, serían capaces de discernir que Pablo, y no los que causaban los problemas, era el verdadero siervo de Jesucristo.

"Jesucristo está en vosotros". Pablo no duda de la conversión de los hermanos en Corinto. La pregunta de Pablo se contesta con un sí. Sí, sabemos que Jesucristo está en nosotros. Pablo ve en la iglesia las evidencias de la vida de Cristo. El cambio en las vidas de los hermanos, los dones que el Espíritu Santo les ha repartido, el mismo amor que la gran mayoría de los hermanos siente por Pablo son todas evidencias de que Jesucristo está viviendo en ellos. La única manera que Jesucristo no esté en ellos es si son falsos hermanos. Los que pretenden ser cristianos pero que no lo son, no tienen a Jesucristo en sus vidas y su fin es muerte, porque no creyeron en el Salvador de sus almas. Las pretensiones nunca nos llevarán a la gloria, sólo nuestra fe en el Señor y bendito Salvador Jesucristo. Los maestros puestos a prueba resultarán falsos. Ahora si los corintios no eran falsos había sido por el anuncio y cultivo del apóstol. ¿Cómo podían ahora dudar de su apostolado cuando la prueba de su ministerio estaba manifiesta en sus propias vidas?

"Mas espero que conoceréis que nosotros no estamos reprobados" (v. 6). Ellos interiormente sabían que Pablo no era falso, sino genuino. En su medio si tenían apóstoles falsos los cuales querían ser aceptados como genuinos. Cristo obraba y había obrado en Pablo. Su ministerio había sido de bendición en Corinto. La iglesia no podía concluir de otra manera más que diciendo: "Pablo es el verdadero apóstol de Jesucristo". Los que no son apóstoles y pretenden serlo, son falsos.

"Y oramos a Dios que ninguna cosa mala hagáis" (v. 7). La línea de conducta debe armonizar con el estilo de vida cristiana. Si se conducen con altura espiritual, no habrá ninguna necesidad de que Pablo ejerza ninguna autoridad apostólica. La oración en favor de los corintios muestra uno de los grandes deseos del ministerio paulino. Pablo demuestra que la disciplina cristiana no tiene como intención destruir al pecador sino acercarlo a Cristo. La iglesia debía mantenerse robusta espiritualmente y no hay mejor manera de hacerlo que evitando el mal.

"Sino para que vosotros hagáis lo bueno". Pablo no quería que se preocuparan por su buen nombre. Su interés se centraba en la obediencia de los corintios a Cristo sin importar los intereses de Pablo. Los creyentes debían actuar no por la conveniencia que eso pudiera traer a Pablo, sino porque es lo que Dios quiere de ellos. Les advierte que no deben preocuparse si su apostolado es juzgado falso, porque si ellos se portan bien será evidente que el poder de Cristo ha sido efectivo para su salvación. Si eso se ha logrado, será más que suficiente para probar la legitimidad de su obra. Lo que Pablo quiere es que la iglesia de Corinto tenga la aprobación de Cristo. No está preocupado porque la iglesia ratifique lo genuino de su apostolado.

"Porque nada podemos contra la verdad, sino por la verdad" (v. 8). La verdad es grande en sí misma y más poderosa que todo lo demás.

No había ningún poder contra la verdad, sino por medio de la verdad. Sus deseos de justificación personal quedan excluidos. La verdad de Cristo actuando en sus vidas produciría en ellos lo que las demás religiones o sistemas religiosos o filosóficos no habían podido lograr. La verdad del evangelio de Cristo, que es Cristo mismo, se demostraría con poder en sus vidas.

"Nos gozamos de que seamos nosotros débiles" (v. 9). Pablo quería llegar en medio de ellos y no tener que ejercer ninguna autoridad apostólica, sin importarle que por ello lo sigan llamando débil. Esa es la debilidad que él aprecia. Si la iglesia es obediente y sumisa a Cristo todo lo que resta es el gozo de ver el poder de Cristo en acción.

"Que vosotros estéis fuertes". Esto significaría que Pablo al llegar en esta su tercera visita, encontraría todo en orden en cuyo caso sobraría cualquier despliegue de autoridad apostólica. La iglesia era fuerte en la medida en que se sometía en obediencia a Cristo. El poder de la iglesia no sería para humillar a nadie, pues es de carácter espiritual. El poder de la iglesia sería para mostrar ante el mundo y ante los enemigos de la cruz de Cristo lo que el Espíritu Santo puede hacer en las vidas de los creyentes.

Pablo ilumina lo que debe ser el oficio del pastor cristiano. No debe ser tan tímido que evite imponer disciplina dentro de la congregación cuando las circunstancias lo demandan. Pero cuando todo va bien debe recordarse que su autoridad no es para convertirse en un tirano dentro de la congregación. El no es el Señor de la iglesia; Cristo es el Señor. Su autoridad no debe degenerar en dictadura. Debe recordarse cómo sirvió el que sí es Cabeza de la iglesia. El pastor de igual manera no está para ser servido sino para servir y para poner su vida en favor de los que necesitan el mensaje de esperanza del evangelio de Cristo.

"Y aun oramos por vuestra perfección". La vida cristiana es un proceso de crecimiento. Pablo mismo no considera que ya ha logrado todo aquello para lo cual fue también llamado por Cristo. Sabe que la iglesia en Corinto tiene todavía mucho camino que recorrer, espiritualmente hablando. Podemos expresar este concepto de perfección en un triple sentido: (1) El que contempla una vida que ha aceptado la gracia salvadora de Dios y por lo mismo está en camino hacia la gloria. (2) Está la vida de separación del pecado para cumplir fielmente con la voluntad expresa de Dios en nuestras vidas individualmente. Esto es lo que generalmente llamamos el proceso de la santificación. (3)

Finalmente, la iglesia no alcanzará perfección sólo mirando hacia adentro, pues Cristo comisionó a los suyos para hacer discípulos a todas las naciones. La iglesia de Corinto, lo mismo que cualquier otra iglesia, se perfecciona cuando mira a su momento de nuevo nacimiento, cuando mira a su crecimiento en la obediencia y docilidad al Espíritu Santo, y cuando mira compasivamente al mundo y se dispone a darle la nueva de salvación. No hay contentamiento en una vida estancada y sin desarrollo.

Pablo cierra esta parte de la carta explicándoles que es mejor prepararlos por medio de esta carta que tener que usar de severidad cuando vaya a verlos. Concluye diciendo que tiene la autoridad que el Señor Jesucristo le diera la cual siempre se usa no para destruir a nadie, sino para edificarlos dentro de la gracia y del conocimiento de Cristo. Termina con una serie de imperativos que indican el espíritu de amor paternal que Pablo tenía por la iglesia. Dios nuestro Padre es un Dios de amor y de paz y de esa manera quiere que sea Su pueblo. La bendición pastoral culmina una carta íntima, sentida, llena de amor y con mucho poder edificante.

Conclusion

En está última sección de la epístola Pablo declara su deseo de seguir gastando su vida en el servicio evangelizador por amor a Cristo. Con gran honestidad él comunica a la iglesia su deseo de encontrarlos fieles sirviendo al Señor y viviendo en la altura espiritual de los santos. Les advierte que de no encontrarlos así sabrán que él tiene la autoridad de Cristo. Afirma finalmente que todo lo que desea es que ellos sean hallados agradando al Señor y en el buen camino de la perfección. No queda la menor duda del gran cariño y paciencia que el apóstol practica para con la iglesia en Corinto. Termina encomendándolos al buen cuidado del Dios triuno, quien les dará gracia, amor y comunión.

Lecciones para la Vida de 2 Corintios 12:14—13:14

El valor espiritual de una persona tiene proporciones eternas.—Pablo nos enseña esta gran verdad. Dios amó tanto al mundo que dio a Su Hijo unigénito porque no ha querido que el hombre se pierda sino que todos se arrepientan y vivan. El que no cree en Cristo estará separado de Dios eternamente y para siempre.

Es un gran privilegio dar sacrificialmente para que otros conozcan a Jesucristo.—Pablo dio su dinero y se entregó a sí mismo a la labor del evangelismo. Participamos en la gran empresa divina cuando entregamos nuestras ofrendas motivadas por el amor a Cristo en favor de los inconversos. La más grande ofrenda fue hecha por Cristo mismo. La más grande ofrenda de nuestra parte será nuestra entrega personal a favor de otros y a otros.

La entrega al servicio no es por lo que nosotros podamos sacar para nosotros mismos.—Pablo quiso tener el privilegio de servir a los corintios sin que ellos le compensaran con nada. La compensación que Pablo buscaba era el crecimiento y perfeccionamiento de los hermanos. Ni siquiera era ser amado por los hermanos sino que ellos conocieran la gracia salvadora en sus vidas. Eso es lo que debe motivarnos en nuestro servicio.

La autoridad apostólica era para edificación de la iglesia.—Como ministro Pablo no deseaba dominar la iglesia, sino presentarla al Señor como una virgen santa y sin mancha. Cristo es la cabeza de la iglesia, no el ministro del evangelio. La labor ministerial es guiar la iglesia para que esté bajo el señorío de Cristo. No hay, pues, lugar para ser autoritario o déspota con la iglesia.

Quien vive en la verdad del evangelio vive poderosamente.—La verdad nos da el poder contra toda clase de error. Nadie puede hacer nada contra la verdad. Vivir limpiamente y con dedicación completa produce un vigor espiritual que no es nuestro sino de Dios.

Debemos aceptar nuestras limitaciones.—Pablo encuentra que la aceptación de nuestras debilidades era el comienzo del poder de Dios en nuestras vidas. La fortaleza y poder de Dios están a nuestra disposición cuando aceptamos que de nuestra parte no tenemos los recursos que sólo Dios nos puede dar.

Actividades de Aprendizaje Personal

1. Pablo quería visitar la iglesia de Corinto por_____
   a. primera b. segunda c. tercera, vez.
2. Pablo
   a. no recibía ninguna ayuda de los corintios.
   b. de cuando en cuando recibía ofrendas de los corintios.
   c. cada mes recibía el salario de los corintios.
3. Débil, en el vocabulario de esta carta quiere decir:
   a. enfermizo y sin salud.
   b. delgado y quebradizo,
   c. limitado, sin los recursos que sólo Dios da.
4. Reprobado quiere decir:
   a. Que pierde la salvación.
   b. que es falso, no genuino.
   c. que está bien con el Señor sin faltarle nada.
5. Perfección quiere decir:
   a. impecable y que no puede pecar.
   b. que no se puede lograr en ningún sentido.
   c. la aceptación de la gracia salvadora, progreso para actuar más como Cristo, obediencia a la gran comisión.

Respuestas: 1. (c); 2. (a); 3. (c); 4. (b); 5. (c).

El Curso De Estudio De La Iglesia

El Curso de Estudio de la iglesia consiste de una variedad de cursos acreditados a corto plazo, para adultos y jóvenes; y unidades básicas no acreditadas para niños y preescolares. Los materiales son para uso adicional al estudio y los programas de capacitación de las iglesias, en una base progresiva.

Los cursos de estudio y las unidades básicas se organizan en un sistema que promueve la Junta de Escuelas Dominicales, 127 Ninth Avenue North, Nashville, Tennessee 37234; la Unión Femenil Misionera, P. O. Box 830010, Birmingham, Alabama 35283; la Comisión Varonil, 1548 Poplar Avenue, Memphis, Tennessee 38104; y los departamentos respectivos de las convenciones estatales, afiliadas con la Convención Bautista del Sur.

Tipos de Estudio y Créditos

1. *Experiencia de clase.* El grupo se ocupa del material por el número de horas designado para el curso en particular y para leer el libro de texto. La persona que se ausente de una o más sesiones, deberá completar los "Actividades de Aprendizaje Personal" u otros requisitos para el curso.

2. *Estudio individual.* Incluye leer, revisar o escuchar el material del curso y completar los requisitos especificados para el mismo.

3. *Estudio de Curso por Lecciones.* Uso paralelo del material designado del curso de estudio, durante el estudio de unidades seleccionadas en las unidades curriculares periódicas de la Organización del Programa de la Iglesia. Las indicaciones para este medio de obtener crédito se encuentran en la publicación seleccionada.

4. *Estudio institucional.* Uso paralelo del material designado del curso de estudio, durante los cursos regulares de las instituciones educativas, incluyendo los cursos del Departamento de Extensión del Seminario. Las indicaciones para este medio de obtener crédito las

proporciona el maestro.

Se dará crédito por el cumplimiento satisfactorio del curso de estudio. Este crédito se otorga por el *Church Study Course Awards Office,* 127 Ninth Avenue North, Nashville, TN 37234, por las agencias que participan. El formulario 725 se recomienda para solicitar este crédito.

Un registro permanente de los cursos y diplomas se mantendrá por la oficina de *Awards.* Dos veces al año, se enviará informes al día a las iglesias para ser repartidos entre los miembros que han participado en el Curso de Estudio para Iglesias Locales. Cada informe mencionará los cursos y los diplomas que los participantes han completado y mostrará el progreso hacia el alcanzar los diplomas en los cursos que se están estudiando. Se mandará automáticamente el diploma cuando se haya completado el último de los requisitos.

El Curriculum del Curso de Estudio para la Iglesia

Se otorga crédito a los cursos que se encuentran en la lista actualizada del Catálogo de Servicios y Materiales para la Iglesia y el Catálogo del Curso de Estudio para la Iglesia. Cuando se escojan cursos o unidades básicos, verifique los catálogos al día, para determinar qué materiales de curso de estudio son válidos.

Como Solicitar Crédito Por Este Curso

Este libro está diseñado para un curso en el área de Estudios Bíblicos.

Está diseñado para 5 horas de estudio en grupo. Se otorga el crédito por la experiencia satisfactoria de clase con el material de estudio y por el mínimo de horas que incluye la lectura del libro de texto. La persona que se ausente de una o más sesiones, debe completar las "Actividades de Aprendizaje Personal" y otros requisitos, por los materiales que no cubrió.

Se concede crédito también por el uso de este material en estudio personal y en estudio institucional, si así se ha designado.

Deben llenarse los siguientes requisitos para obtener crédito en este curso:

1. Leer el libro **2 Corintios: Comisionados para Servir**

2. Asistir por lo menos a 5 horas de estudio en clase o completar todas las "Actividades de Aprendizaje Personal" (ver el final de cada capítulo.) Un miembro de clase que se ausente en una o más sesiones, debe completar las "Actividades de Aprendizaje Personal" de los capítulos que le faltaron. En tal caso, debe entregar su estudio en la fecha que fije el maestro, normalmente dentro de los diez días siguientes a la última clase.

Se obtiene el crédito en este curso por medio de estudio individual. Los requisitos para este crédito son:

1. Leer el libro.

2. Completar las "Actividades de Aprendizaje Personal" de los capítulos.

Después de completar el curso, el maestro, el bibliotecario de los registros del curso de estudio, el alumno o cualquier persona señalada por la iglesia, debe llenar el formulario 725 que se encuentra al final del libro ("Petición de Inscripción/Crédito en el Curso de Estudio de la Iglesia") y enviarla a la Oficina de Otorgamientos, 127 Ninth Avenue North, Nashville, Tennessee 37234.

CHURCH STUDY COURSE
ENROLLMENT/CREDIT REQUEST (FORM-725)

PERSONAL CSC NUMBER (If Known)

INSTRUCTIONS:

1. Please PRINT or TYPE.
2. COURSE CREDIT REQUEST—Requirements must be met. Use exact title.
3. ENROLLMENT IN DIPLOMA PLANS—Enter selected diploma title to enroll.
4. For additional information see the Church Study Course Catalog.
5. Duplicate additional forms as needed. Free forms are available from the Awards Office and State Conventions.

TYPE OF REQUEST: (Check all that apply)

☐ Course Credit   ☐ Address Change
☐ Enrollment in   ☐ Name Change
   Diploma Plan   ☐ Church Change

DATE OF BIRTH	Month	Day	Year

REQUEST FOR

☐ Mr.   ☐ Miss
☐ Mrs.

Name (First, MI, Last)

Street, Route, or P.O. Box

City, State, Zip Code

CHURCH

Church Name

Mailing Address

City, State, Zip Code

COURSE CREDIT REQUEST

Course No.	Use exact title
05063	1. 2 Corintios: Comisionados para Servir
Course No.	Use exact title 2.
Course No.	Use exact title 3.
Course No.	Use exact title 4.
Course No.	Use exact title 5.

ENROLLMENT IN DIPLOMA PLANS

If you have not previously indicated a diploma(s) you wish to earn, or you are beginning work on a new one(s), select and enter the diploma title from the current Church Study Course Catalog. Select one that relates to your leadership responsibility or interest. When all requirements have been met, the diploma will be automatically mailed to your church. No charge will be made for enrollment or diplomas.

Title of diploma	Age group or area
1.	
Title of diploma	Age group or area
2.	

Signature of Pastor, Teacher, or Study Leader	Date

MAIL THIS REQUEST TO

CHURCH STUDY COURSE AWARDS OFFICE
RESEARCH SERVICES DEPARTMENT
127 NINTH AVENUE NORTH
NASHVILLE, TENNESSEE 37234

FORM-725 (Rev. 7-83)